賢人の話し方

Soichiro Tahara Akihiro Nakatani Go Yoshida
Miyako Hirabayashi Akira Fukuzawa

コミュニケーションの勝者はビジネスの勝者。会話が続く人になれ!

田原総一朗
Soichiro Tahara
中谷彰宏
Akihiro Nakatani
吉田 豪
Go Yoshida
平林 都
Miyako Hirabayashi
福澤 朗
Akira Fukuzawa

Essential Tips for Surviving Modern Business
What You Should Think, Plan and Do to Become Successful

幻冬舎

こちらが相手のことを好きになれば、
相手も本音で話してくれる。そのためにも、
**会う前には相手のことを
できる限り調べておき、
相手の求める知識レベルにまで
自分を近づける**努力を怠らないことが大切。

現代社会における**社会的弱者とは**
「コミュニケーション弱者」に他ならない。
上手に自分を表現できる力こそが求められている。

評論家・ジャーナリスト

田原総一朗

本音で語り合うテクニック

①とにかく相手を好きになる
②相手の知識レベルに合わせられるように事前調査せよ
③自分と意見の違う人の言葉に耳を傾ける
④自分に手厳しい意見はありがたく聞く
⑤無知であることを隠さない

褒めることは負けることではない。
下手なプライドは捨てて、
素直に驚こう。

「おぉ、凄い」というひと言、
これこそが最高の褒め言葉。

やる気にさせる！
褒めるテクニック

①素直に共感し、驚こう
②挨拶するように褒める習慣を身につける
③モノを褒めずにセンスを褒めよう
④男性は内面を、女性は第一印象の逆を褒める
⑤その場にいない人をどんどん褒めよう

作家
中谷彰宏

褒めるなら、相手の持ち物や社会的身分など、変動する価値ではなく、

その人のセンスや知性など、
不動の価値を褒めること。
それが、相手を本当に
理解することにもつながる。

苦手な相手でも、
ひとつくらいは面白がれるところ、
好きになれそうなところがあるはず。

その人のミニコミ誌をつくるつもりで徹底的にネタを収集

すれば、必ず苦手意識は克服できる。

否定からは会話が続かない。

共感できる部分、好きになれる部分をピンポイントで肯定することが会話の推進力になる。

相手はどこまで話していいか探っているので、もっと話したくなるようなリアクションを心がけること。

プロ書評家・インタビュアー
吉田 豪

トコトン聞き出すテクニック

①複数の資料に同時にあたり多角的に相手の情報を得る
②相手の話はトコトンまで聞く
③どんな人でも必ずある「面白いところ」を見つけ出す
④「やりすぎな話」もギャグにしてどんどん話を引き出す
⑤決して相手を否定せず、よいところがあればピンポイントで肯定する

エレガント・マナースクール学院長

平林 都

人から感謝をされたら、
「十分なことができませんで」と答えます。
次はもっと素晴らしい仕事ができるという

期待感を与えることが、「もう一度頼んでみよう」という相手の行動につながるのです。

話している間は笑顔でも、話し終わった途端に口を閉じてしまっては、仏頂面の印象を与えてしまいます。

笑顔に見えるかどうかは、
話し終わったときに
口を開けるか、閉じるかに
左右されます。

人を喜ばせる接遇テクニック

①コミュニケーションに必要なのは、動作、言葉、表情の３つ
②接遇に心はいらない
③依頼するときは文末に「致」の一字を加える
④相槌は「、」ではなく「。」で打つ
⑤お礼の言葉は現在形の「ありがとうございます」が正解

相手を説得するときのテクニックは3つ。

もっともアピールしたいポイントは2つ目に話し、
話し方の高低やスピードを相手に合わせ、同じしぐさをする。

アナウンサー
福澤 朗

声の出し方・伝え方のテクニック

①自分の思いを伝えるには声の「高低」「大小」「速遅」が大切
②声のスイートスポットが見つかれば美声も思いのまま！
③滑舌棒を使い、子音の発音を練習すれば滑舌が超なめらかに
④喜怒哀楽は言葉や声だけでなく表情もつかって表現する
⑤異なる世代との会話の場数を踏み、相手に合わせた会話力を身につけよう

いい声を出すには、楽器と同様、
いちばん声が共鳴するスイートスポットを見つける。
その発声法で話せば長時間話しても疲れず、
聞きやすい声になる。

賢人の話し方　目次

Chapter 2

やる気にさせる！　褒める技術――38

作家　中谷彰宏

Chapter 3

プロインタビュアー直伝！　聞き出す技術――68

プロ書評家・インタビュアー　吉田　豪

装丁 石川直美（カメガイ デザイン オフィス）
本文イラスト 門川洋子
デザイン・DTP 株式会社明昌堂
協力 川上光寿（Chapter1～4）
ボブ内藤（Chapter5）
編集協力 有限会社ヴュー企画（池上直哉 野秋真紀子）
撮影 菊地真貴子（有限会社ヴュー企画）
編集 鈴木恵美（幻冬舎）

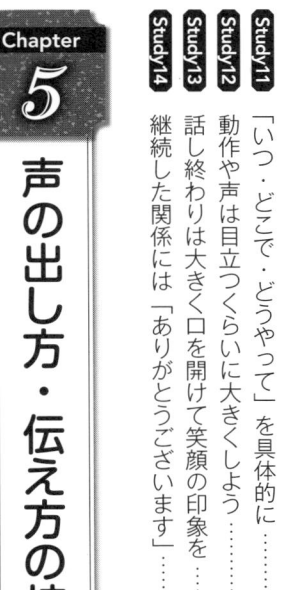

Profile

1934年生まれ。評論家・ジャーナリスト。早稲田大学卒業。岩波映画製作所、東京12チャンネルを経て、77年フリーに。87年からテレビ朝日「朝まで生テレビ!」、89年から「サンデープロジェクト」に出演、相手の本音を引き出すトークでTVジャーナリズムの新しい地平を開く。98年、戦後の放送ジャーナリストのひとりを選ぶ「城戸又一賞」を受賞。著書に『経営の極意』『田原式 つい本音を言わせてしまう技術』(幻冬舎)、『日本政治の表と裏がわかる本』(幻冬舎文庫)など多数。

Chapter 1

本音で語り合う技術

田原総一朗（たはら・そういちろう）

評論家・ジャーナリスト

Study 1

コミュニケーション下手が社会的弱者になる

上手に自分自身を表現できる人間になろう

社会的弱者に陥らないために

いつの時代にも社会的弱者は存在する。たとえば貧困者や高齢者、女性に子ども、外国人に原発避難民などさまざまだ。

しかし、**現代社会における社会的弱者とは、「コミュニケーション弱者」に他ならない**。どんなに優れた才能を持った人であっても、自分自身を上手にプロモーションできなければ、たちまち社会からこぼれ落ちてしまう。

本章では、上手に自分をさらけ出し、そして、相手にも本音で語ってもらうためのさまざまな方法を紹介している。左ページの一覧は、本音で語り合うのに欠かせないテクニックだ。現代の社会的弱者にならないためにも、ひとつずつ着実にその方法を学んでほしい。

Column

医師もコミュニケーション弱者？

原発事故で、町ごと埼玉県加須市に疎開した福島県双葉町の方々を慰問した、元日本テレビアナウンサーの石川牧子さん（現・日テレ学院学院長）から聞いた話ですが、双葉町民が抱えるストレスのひとつに、避難先のお医者さんとのコミュニケーションも関係しているらしいのです。「地元の診療所のように、会話をしながら診てもらえない。地元のお医者さんがしてくれたプラスαの診療、たとえば『ついでに聴診器をあてておきましょうか？』といったことがない」のだとか。

石川さんが「なぜ聴診器をあててくださいと言わなかったのですか？」と尋ねたところ、言葉の違いや地元でないという遠慮もあって、うまく伝えられなかったらしいのです。一方で、医師の中にも、会話に悩んでいる方が多いと聞きます。うまく患者の要望が聞き出せるよう、質問力を鍛えてほしいところですね。

本音で語り合うための10のテクニック

Study 2

コミュニケーションは惚れた者勝ち
好きになれば相手も本音で話してくれる

嫌いな人をつくらない

世の中にはいろいろな人がいるので、あなたが話す相手と必ずしも気が合うとは限らない。実際、ビジネスなどでは、嫌いな人・苦手な人と仕事をする場合のほうが多い。

しかし、だからといって話さないわけにもいかない。それなら、**嫌いな人をつくらない**ほうが、はるかに生産的ではないだろうか。

すぐにできる嫌いな人・苦手な人克服法は、とにかくその人のことを調べたり、考え続けたりすることだ。初めは抵抗があるかもしれないが、自分の中でその人の存在が大きくなってくるにつれて、どんどん興味や関心が持てるようになる。

Point

他者に対する苦手意識を克服できれば、話すのが楽になり、コミュニケーション力も向上する。

②相手も心の壁をとって好きになってくれる

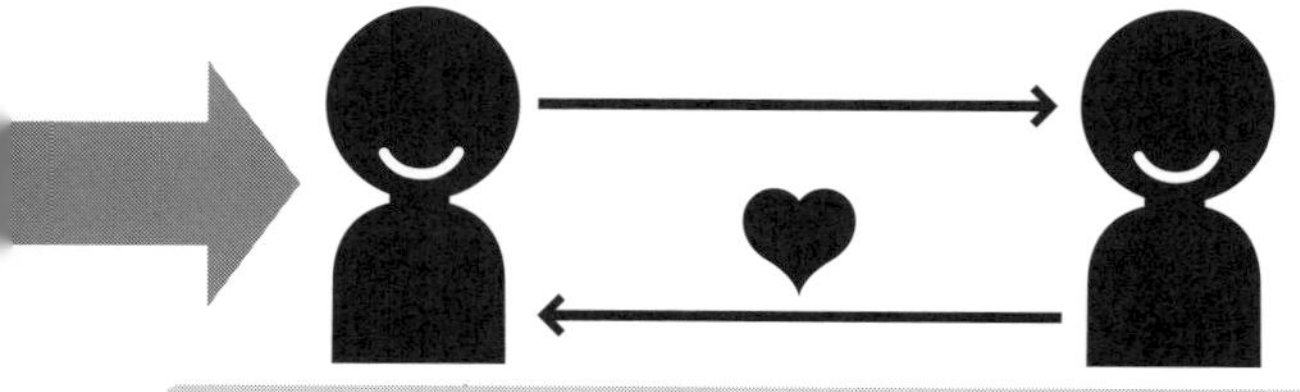

Advice 好いてくれる相手を好きになる

人は自分のことを好いてくれる人のことを好きになる。心理学ではこれを「好意の返報性」といい、これは実験によって証明されている。

Column

興味を持って接すれば殺人犯だって好きになれる

僕の場合、相手に徹底的に興味・関心を持つようにすることで、「嫌いな人」がいなくなりました。不謹慎に聞こえるかもしれませんが、たとえその相手が殺人犯であっても、「何で人を殺したんだろう？」と考え出すと、興味が湧いてくるのです。

実はこれと似たことを、あのロッキード事件を担当した検事である堀田力さんも語っています。

堀田さんいわく、「検事は容疑者に惚れなくては本音を聞き出せない」らしいのです。容疑者に本音を語らせて落とすためには、徹底的に惚れるしかない、ということです。

検事のように本音を話させるプロがそう言っているのだから、「嫌いな人をつくらない」というテクニックは、本物だと思いますよ。

相手を好きになれば本音で話してくれる

こちらの心に壁があると、相手も警戒して話してくれない

心に壁があると相手も本音で語らない

①まずは自分から心の壁をとって相手を好きになる

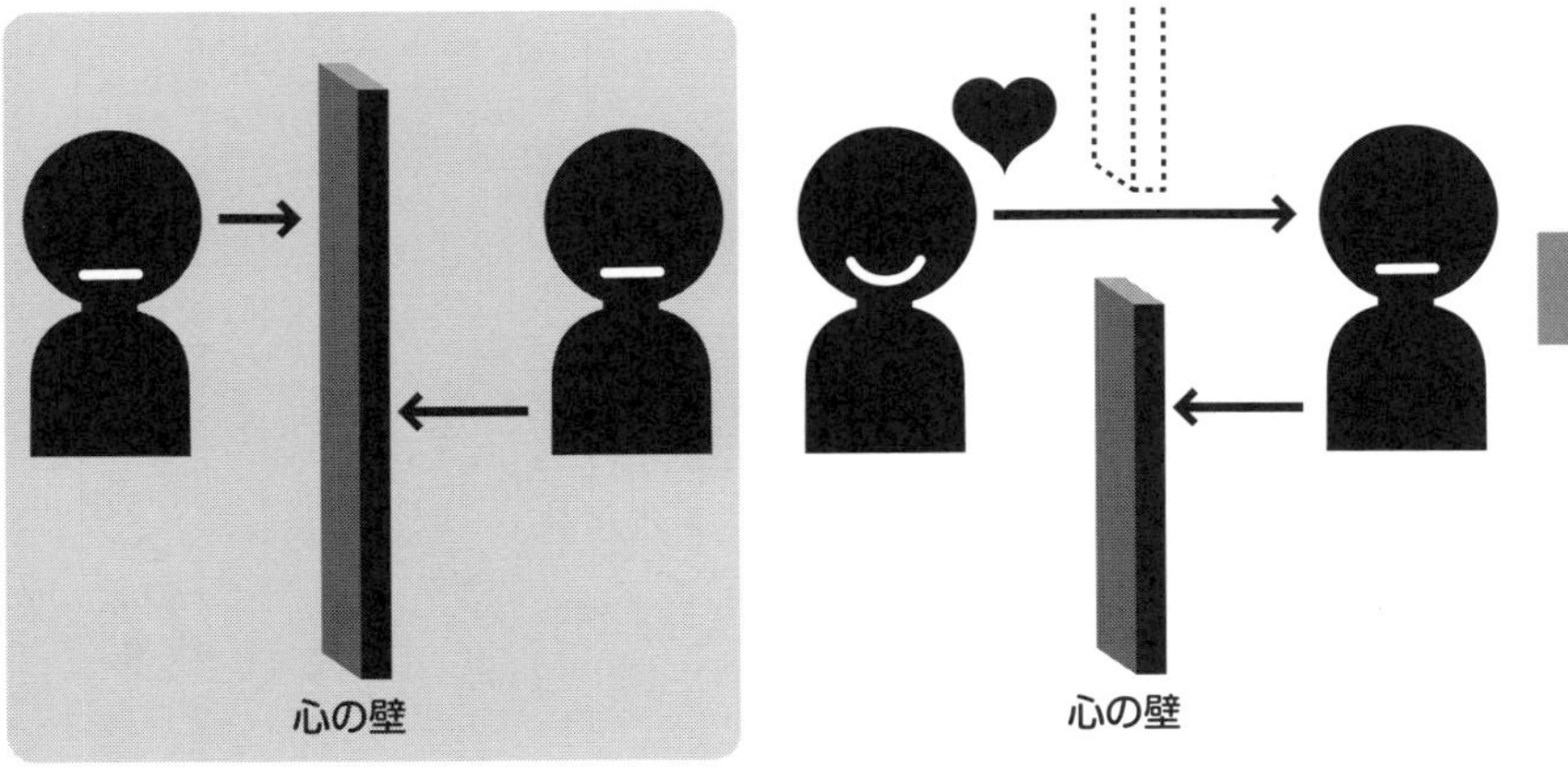

Study 3

自分のことを知らない相手に心は開かない

「知っているな」と思わせるだけの知識を蓄える

会う前に相手のことを徹底的に調べる

相手が本音で語ってくれない場合、たいていその原因はあなたにある。あなたに「相手の求める知識」が備わっていないからだ。

相手と「同レベルの知識」を手に入れることは困難だ。しかし、**できる限りのことを調べて、それなりの準備をしておくことは相手への礼儀**でもある。

たとえば、あなたが質問される側の立場だったとしたらどうだろう。調べればすぐにわかる

STEP 2 商品や業界の知識を入手する

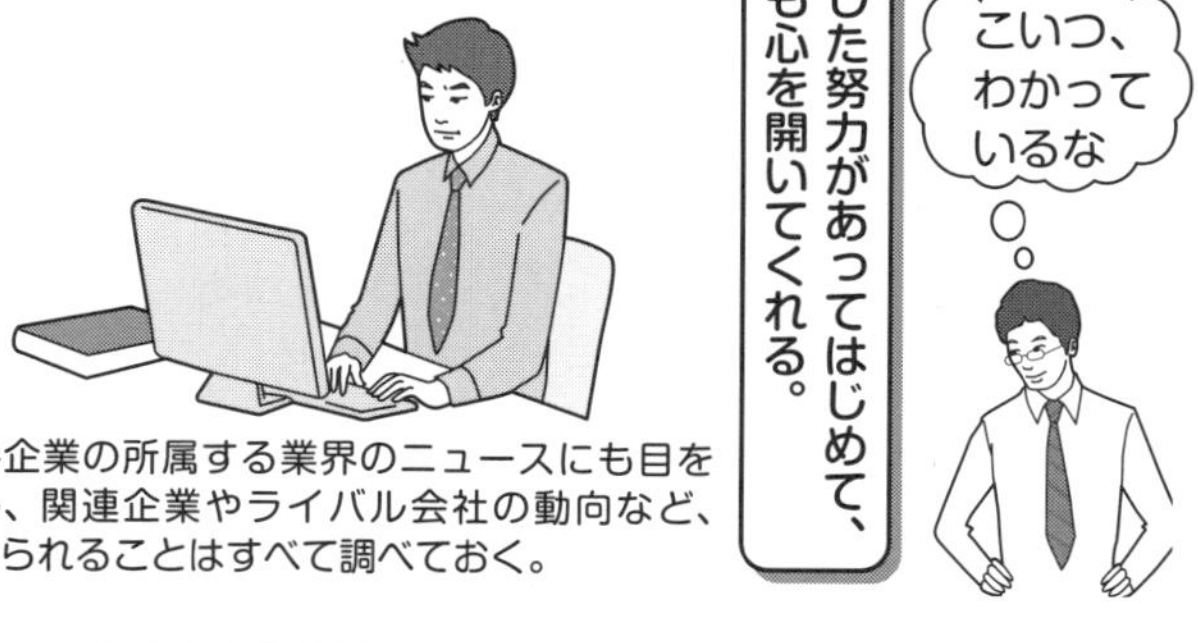

こうした努力があってはじめて、相手も心を開いてくれる。

相手企業の所属する業界のニュースにも目を通し、関連企業やライバル会社の動向など、調べられることはすべて調べておく。

Column

情報収集能力を強力な武器に

僕が特に尊敬するジャーナリストの立花隆さんは、とにかくその調査能力の高さがずば抜けています。彼が1974年に雑誌「文藝春秋」に発表した記事が田中角栄を失脚に追い込みましたが、そのときの立花氏の情報収集能力たるや、もはや検事レベルです。情報を持つということは、それだけ強力な武器になるということです。

ようなことを質問されたら、「こいつは何も知らない」と憤りを覚え、そのレベルに合った話しかしないだろう。自分のことを知らない人間に心を許す人はいない。

逆に言うと「こいつは知っている」と思わせることができれば、相手の本音を聞き出せるということになる。

本音に迫る情報収集

STEP 1 著作や過去の記事にはすべて目を通す

相手が著名な人物であれば、著作をはじめ、過去の記事、関連する情報すべてに目を通しておくこと。相手が企業であれば、その会社の主力商品について、数字的な面（売上）からその歴史などについて調べておく。

Column

経営者はなかなか本音を話してくれない

僕は、経営者を取材するときは、とにかく徹底的にその人や企業について調べていくようにしています。その経営者の経歴や、これまでの記事はもちろん、企業理念や社史まで、あらゆる資料に目を通し、こちらの知識レベルを最高潮にしていきます。

そして、何度でも通いつめて、こちらの本気度を知ってもらうのです。ここまでしないと、経営者たちは語ってくれないのです。

Study 4

依頼はギブ・アンド・テイクで成り立つ
相手に「使える人」だと思ってもらう

「邪魔者」から「使える人」へ

面会のアポなど、頼みごとをするときには、「自分は相手の役に立つ存在か?」という点を意識してみよう。ビジネスはもちろん、職場関係や友達関係すらも、**日頃のギブ・アンド・テイクが大切**だ。同時に、**自分は邪魔者であるという自覚も必要**になる。

たとえば、突然営業マンが来訪したら、迷惑だろう。しかし、これまでに何度か訪問を受け、その度にちょっとした日用品をもらっていたり、有益な地域情報をもらっていたりしたら話は別だ。「面白い人だ」と話ぐらい聞いてもいいと思うに違いない。

コミュニケーションに近道はない。相手に心を開いてもらうには、少しずつ「面白い人だ」「使えるヤツだ」と思ってもらえるよう努力を積み重ねることが大切だ。

3 こいつは「面白いヤツ」「使えるヤツ」と思ってもらえれば大成功だ

相手の手伝いをしたり、有益な情報を提供するなどして「この人と話していると楽しいな」と思わせることができればしめたもの。

Column

「邪魔なもの」が「使えるもの」として世に認知された

創業時のソニー（東京通信工業）で、新しい販路をつくってきた盛田昭夫氏の逸話を紹介しましょう。なぜ、今の日本企業に元気がないのかがわかるようなエピソードです。

戦後すぐにソニーが開発したのは15万円もするテープレコーダーです。当時の大卒の初任給が1万円かそこらであったことを考えれば、相当に高価なうえに、重さが5・5キロもある、まさに「邪魔者」です。

周囲の関係者は当然「こんなものはどこに行っても売れない、不可能だ」と言ったのですが、盛田氏は「売れないではなく、どこでなら売れるか？」を懸命に考え、ニーズを掘り下げるために各省庁や企業を徹底的に取材したのです。

結論から言うと、盛田氏は膨大な筆記作業に困っていた裁判所に営業し、大成功を収めました。

「邪魔なもの」が、粘り強い営業の末に「使えるもの」になった。こうした発想の転換が、困難な目標を実現可能にするのです。

「邪魔者」から「面白いヤツ」「使えるヤツ」へ

Point ギブ・アンド・テイクの関係をつくっておこう。

1 自分は相手にとって「邪魔者」なのだという自覚を持つ

営業マンは、自分が扱う商品は客にとって本来必要ないものだと思うくらいでちょうどいい。

2 せめて、少しでも邪魔にならない存在になるよう努力する

相手について調べたり、何度も会ってこちらの真意を伝えるなど。

Study 5

意見はスピードと量に意味がある

会議や討論では正答よりも即答を

質よりも速度や量が求められる

欧米の人に交じって会議や講義に参加した経験のある人はご存知かと思うが、彼らは答えるのが速い。答えが当たっていようが間違っていようが、とにかく発言をしていく。一方の日本人はなかなか発言をしない。つまり欧米では答えの質よりも、速度や量を求め、日本ではその逆と言える。

まずは「私はこう思う」と**自分の意見を先に述べてしまい、理由はあとから考えながら説明していく**方法が、会議や討論においては効果的であるということを知っておこう。

正答とは遠いものであっても、異論や反論が出て、それに応じるうちに、会議や討論は活性化する。すると、最初に口火を切ったあなたが、会議や討論を盛り上げた者として一目置かれる存在になるのだ。

Column

嘘やハッタリは役には立たない

交渉術をテーマにした書籍には、ときおりハッタリや嘘のつき方といったテーマが散見されますが、僕はこれをよしとはしません。

もちろん、人間の深層心理を利用した効果的なテクニックもあるのでしょうが、結局、ハッタリや嘘は相手に見破られるものです。恨まれるだけで、その後の信用に傷がつきます。見合った効果は得られません。

そもそもハッタリや嘘は、一回限りの商売で使う方法です。つまり詐欺師の手口です。

当然、コミュニケーションは一回限りで終わりません。何度も会って、何度も話し合って、それでやっと本音に近づけるものです。

それに、ハッタリや嘘は一度使うと癖になります。すると嘘に嘘を上塗りして、雪ダルマのように膨れ上がり、取り返しがつかなくなってしまうでしょう。

欧米流ブレスト＆会議の進め方

1 質問が出たらすぐに意見を口に出す。
正答である必要はまったくない。

バカバカしいことを言うほど、次の意見が出やすくなる。これが狙い。

2 異論や反論がどんどん出てくる。

議論が盛んになり、参加者もリラックスしてくる。

3 次々にアイデアが提案され、よい結論も生まれてくる。

Point

ブレインストーミングや会議では、正解を言おうとしたら進まないし、アイデアも出てこない。

Study 6

成功談や自慢話は相手を退屈させる

失敗談で相手の信頼を手に入れる

人の成功談は退屈

人の成功談を長々と聞かされて、うんざりした経験はないだろうか。成功談はともすると、退屈な自慢話になりかねない。

もし、**相手の信頼を得ようと考えているのなら、成功談よりも失敗談を語るほうがよい**。成功談と違って嫌味に聞こえないし、ユーモアをアピールすることもできる。さらに「コイツは失敗を包み隠さず話す正直なヤツだ」という評価も得られるため、以降のコミュニケーションをとりやすい。

失敗談を効果的に話すコツ

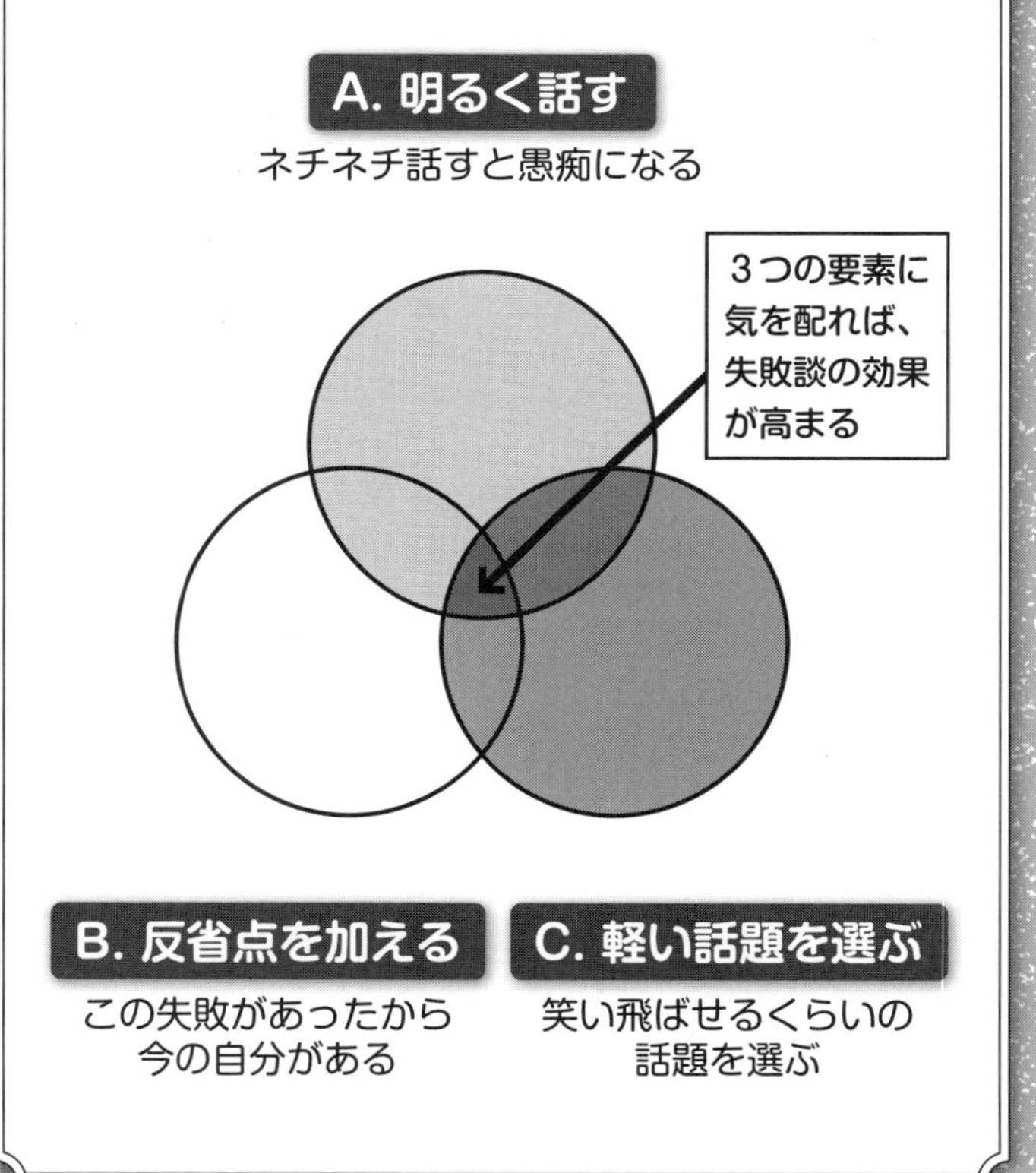
A. 明るく話す
ネチネチ話すと愚痴になる
3つの要素に気を配れば、失敗談の効果が高まる
B. 反省点を加える
この失敗があったから今の自分がある
C. 軽い話題を選ぶ
笑い飛ばせるくらいの話題を選ぶ

なお、あなたがまだ若い20歳代のビジネスパーソンなら、なおさら失敗を恐れてはいけない。むしろ**「うっかり者」であるくらいがちょうどいい**。

若さゆえに許される失敗は多いので、今のうちにさまざまな失敗を経験しておくことをおすすめする。失敗を知らない人に比べ、はるかに経験値が増すからだ。このことが、のちのちコミュニケーションをはじめとする総合的能力の差になって表れる。

会話に軽さを入れる

重厚長大は相手にプレッシャーを与える
たとえば、「私が断ったらこの人はどうなるんだろうか？」などと相手に思わせてしまうようでは失格。
軽さは対面している相手の心を軽くする
成功しているビジネスパーソンは、必ず「軽さ」を持っている。「いい加減」という印象を与えないよう注意しつつ、ピンチすら面白がるような「ポップさ」を身につけよう。

Column

悩んでも問題は解決しない

僕自身、たくさん失敗しているし、それこそ、批判の矢面に立たされることだって何度も経験しています。しかし、僕はなぜか、そうした事態を面白がるところがあるんです。「大変だ、大変だ」と眉間にしわをよせ、深刻な顔をしたからといって、問題が解決するわけではありません。悩むだけムダだから悩まない。

おかげで、ストレスを意識することはあまりありません。皆さんも、くよくよしても解決しないなら、いっそのこと失敗を面白がってはいかがでしょうか。案外、物事を俯瞰《ふかん》してみて、状況を楽しむくらいの余裕のある態度のほうが、信用されることもあるのです。

Study 7

問題点の指摘から始めると反発を生む まずは褒めることから始めよう

会議で「けなし合い」をしても進展はない

会社や組織の会議などでありがちな失敗例として、「改善点や問題点」ばかりを指摘していくケースがある。これでは会議の雰囲気は重苦しいものになってしまい、いっこうに前進しないだろう。

なぜなら「改善点や問題点」に関しては、当事者たちが一番に認識しているからだ。会社や組織の会議であれば、配布される資料に「改善点や問題点」が数値化されていたり、箇条書きされていたりする。

STEP 3 **スムーズな会話へ**

この段階で相手は心を開いているので、その後の会話はスムーズに流れる。

Finish! **相手の心を開かせることで「こいつは信用できる」と思ってもらえるようになる。**

問題の指摘は褒めたあとで

にもかかわらず、改めて「改善点や問題点」を直言してしまうと、「そんなことはわかっている」と当事者たちから無用な反発を受ける危険性がある。

そうならないためにも、**「改善点や問題点」の指摘はひとまず避けておいて、「こんなよい点がある、こんな点が他より優れている」と、まずは褒《ほ》めることから始めよう。**

その場の雰囲気が和んできてから「改善点や問題点」を話し合うようにすると、周囲の反発を受けずに打ち合わせやミーティングを進展しやすくなる。

褒めて信用を勝ち取るテクニック

STEP 1　まずはよい点を指摘し褒める

そうか、オレの意見もまんざらではないのか

改善点や問題点を認識している相手に、改めて指摘しても逆効果。

よいところはよいところとして、きちんと褒めることが大切。

STEP 2　相手の胸襟を開いたら本題に入る

しかし、このアイデアの魅力をうまく生かしきれていません。
なぜなら……

問題点を切り出すなら、よいところを褒めたうえで、具体的に。

Study 8

意固地になりすぎてはいけない
意見を変えることは悪いことではない

主義主張というものは、時代背景や社会情勢によって変化する。自分の主義主張に固執し続けて周囲から孤立するよりも、柔軟に発想を切り替えて、コミュニケーションをとるように努めよう。

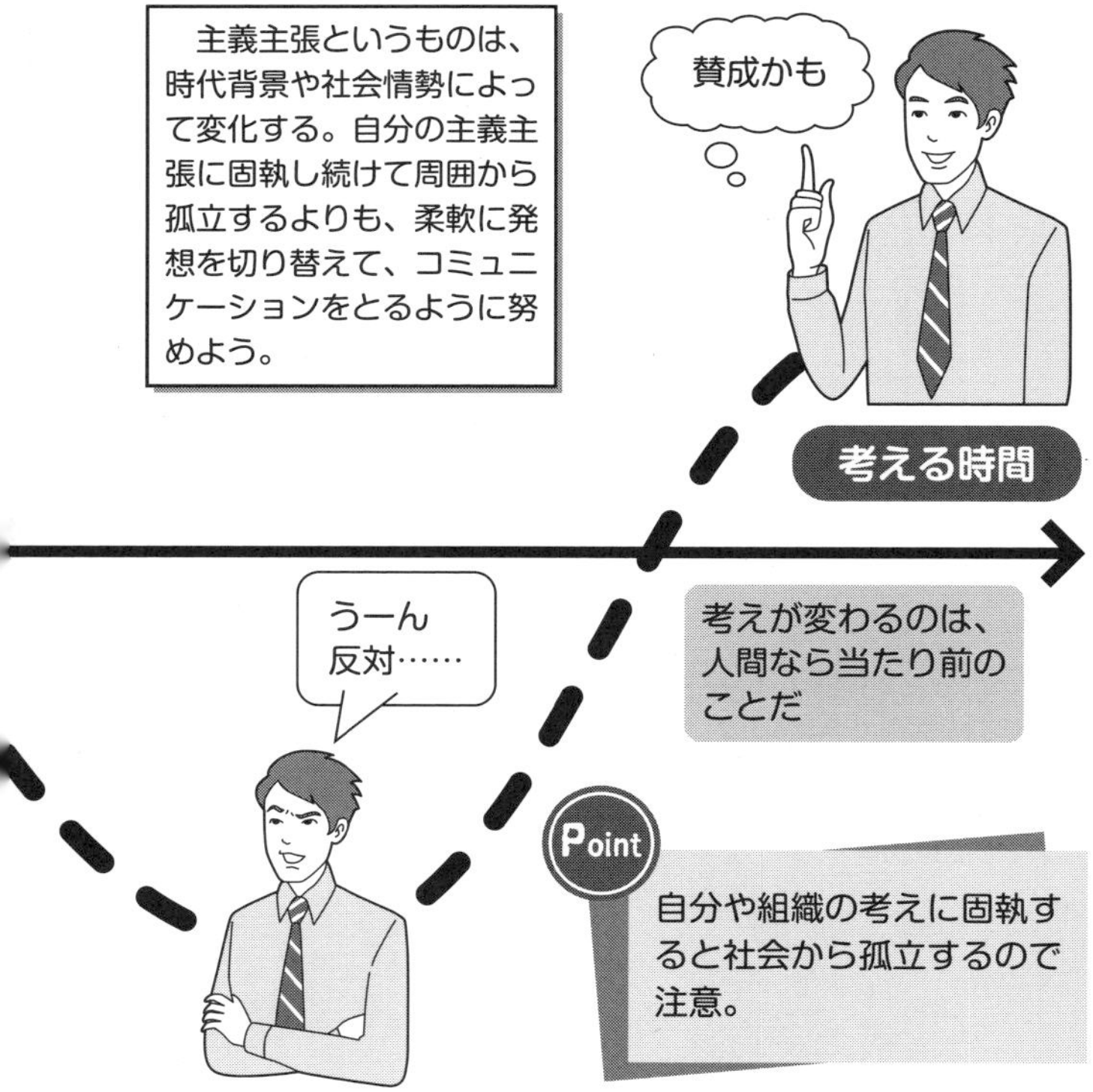
賛成かも
考える時間
うーん
反対……
考えが変わるのは、人間なら当たり前のことだ

Point 自分や組織の考えに固執すると社会から孤立するので注意。

Advice 変わったことを素直に認める

現代社会では、主義主張が変わったときは素直にそのことを認めて、「前回はそう思ったがよく考えたら違う」と表明し、「こういう理由で考えが変わった」と、なぜ変わったのかを説明したほうがよい。「考えや意見を変えてはいけない」という主張は今の時代に合っていない。今はむしろ、考えや意見が変わったのなら、そのことを言える勇気を持つべきだ。

主義主張は時代や状況で変わるもの

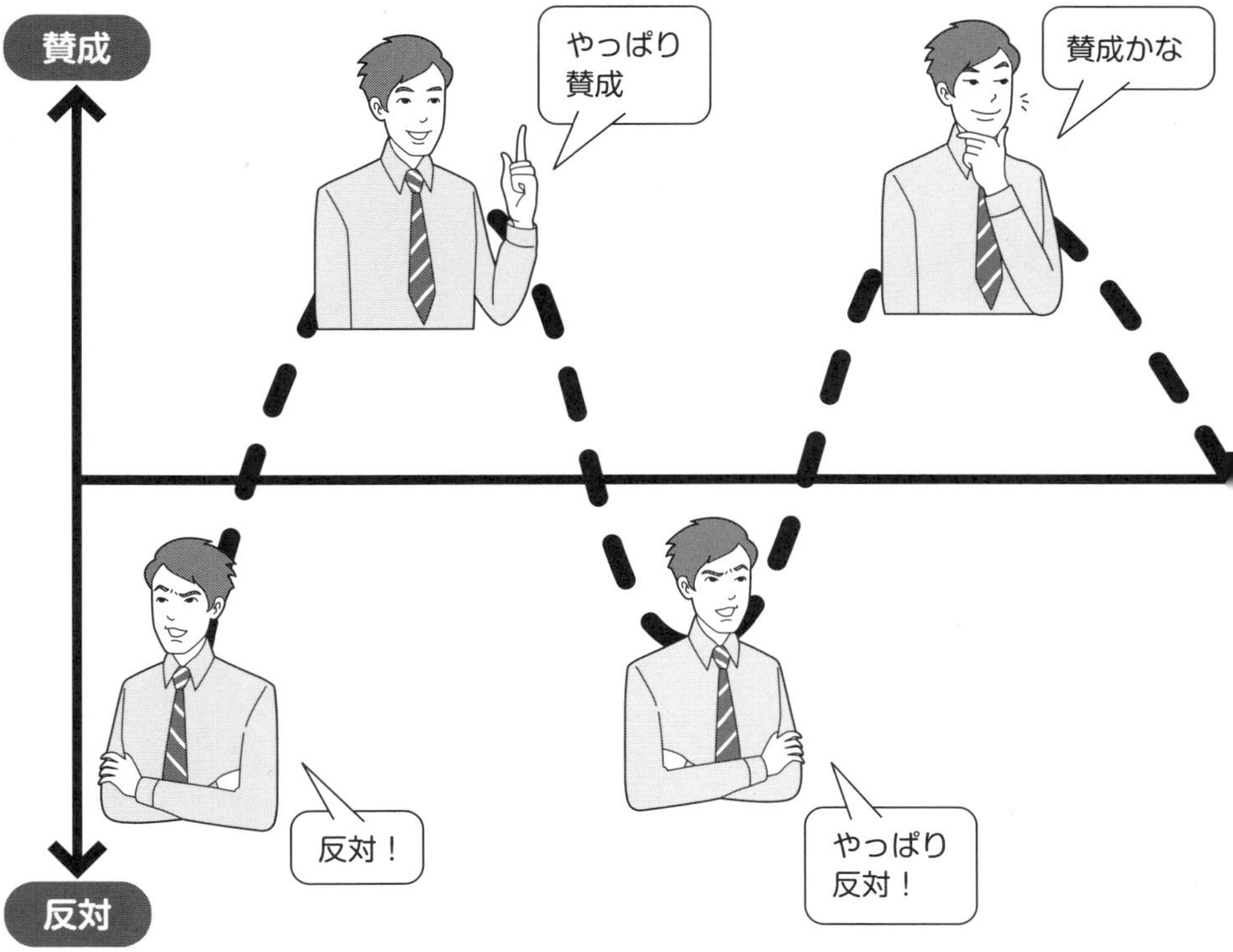

Column

考えや意見が変わって何が悪い？

たとえば、僕が若いときは「社会主義が一番素晴らしい。ソ連は言論も表現も自由で階級格差がない」と思い込んでいました。また、世の中の知識人たちの間でも、概ねこのような考えが主流でした。

ところが1965年の世界ドキュメンタリー会議で日本代表としてモスクワへ行ったときに、僕の考えは180度変わってしまったのです。

モスクワ大学の学生たちとディスカッションをしたのですが、政治の話題がまったくタブーだったのです。階級もあったし共産党が威張っていた。それで僕は社会主義に絶望してしまいました。

劇的に考えが変わることもあれば、少しずつ変わることもあります。そして考えが変わったのなら、正々堂々、変わったと言えばいいのです。

Study 9

自分に不都合な話を無視してはいけない
手厳しい意見ほど耳を傾けよう

批判をしっかりと受け止める

自分に向かって意見されている話が「手厳しい内容」で、「聞きたくない」と思うときがある。そこで「その話はわかっているので結構です」と断ったとしよう。

結果として無用な議論を避けることができ、あなたの貴重な時間が守られたのなら、その判断は正しかったと評価されるかもしれない。

しかし一方で、話の腰を折られた側にとっては、これほど気分の悪いことはない。ともすると「こいつは都合の悪い話は聞かないヤツ」という烙印《らくいん》を押されてしまう。

やはり、**どんなに「手厳しい内容」であっても、相手からの批判は真摯《しんし》に受け止めるべき**だ。

Column

批判や異論で自分を磨け!

僕は討論番組の司会を長年務めていますが、自分と似た意見の人と、まったく違う意見の人とが論争を始めたら、なるべく自分と似た意見の人の味方をしないように意識しています。

というのは、自分と似た意見の人というのは、ある意味、自分の鏡でもあるわけで、その人が、異なる意見の人からどんなところを批判され、突っ込まれているか、またはどんな苦しい言い逃れをしたり、筋の通らないことを言ったりしているかを見ることができるということは、とても貴重だからです。

これは言ってみれば、他人の論争を通じて、自分の弱点を探しているようなもの。「自分では完璧だと思っていた意見にこんなボロがあるんだ」と気づくこともよくあります。

手厳しい意見ほど聞く価値がある

Point

批判に耳をふさいでいるようでは成長できない。

自分に対する「手厳しい意見」を聞く、聞かないの流れ

手厳しい意見 → 聞く → メモをとるなどして聞く → 話し手の反感が好感に変わる

手厳しい意見 → 聞かない → 傲慢な人間と低評価が下る

聞く → 普通に聞く → 本当に聞いているのか？

「手厳しい内容」であるほど、自分の考えを客観的に見るチャンスになる。

「なるほど、こういった批判もあるのか」と受け止めれば、自分の弱点を補強するチャンスにもなる。

「この人は真剣に話を聞いてくれる」という印象を与えることができるため、話し手の反感が好感に変わってくる。

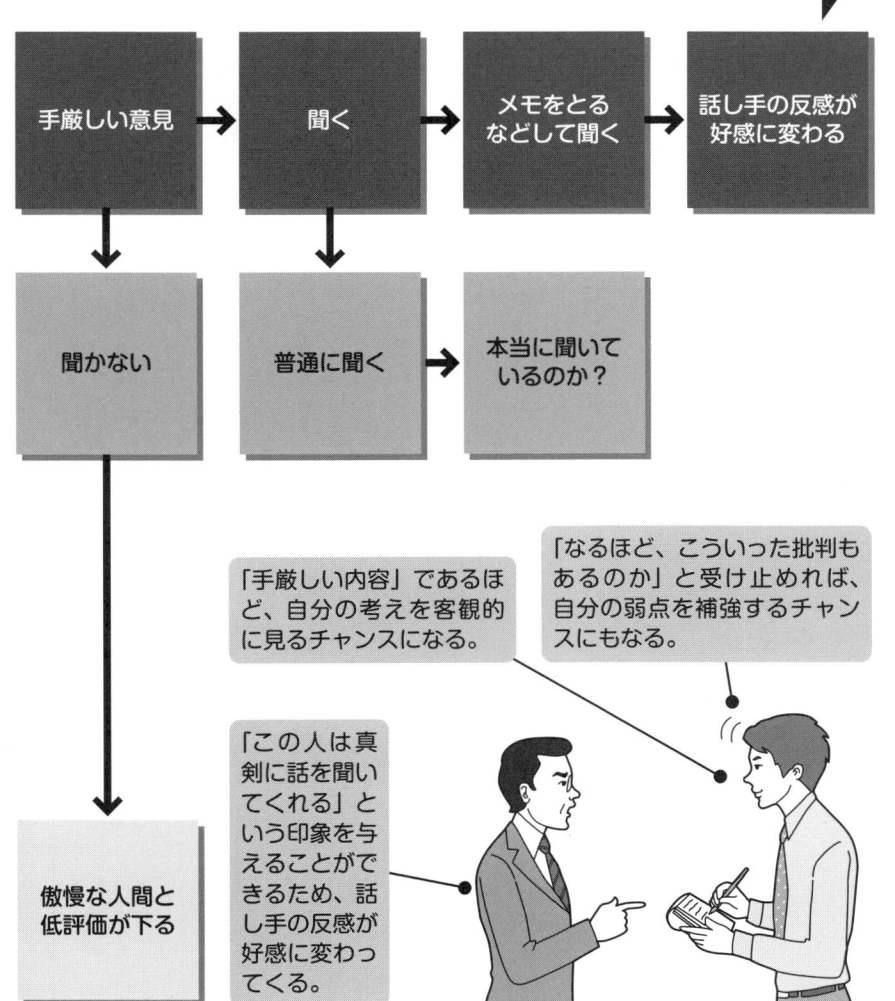

Study 10

本音を知りたいのなら本音で尋ねよう

遠回しな質問やお世辞は逆効果

本音を探るときはいつでも真剣勝負

18ページでも話したが、物事の多くはギブ・アンド・テイクで成り立っている。情報を得ようと思ったら、**相手から一方的に引き出そうとするのではなく、こちらの情報も提供する必要がある**。「本音」だって同じことだ。こちらが不誠実な態度で臨んでも、相手は心を開いてくれない。本音を探るコミュニケーションは常に真剣勝負であると心得ておこう。

もっとも、場合によっては、お世辞を潤滑油にして会話を盛り上げる必要もある。しかし、心にもないことを言い続けても、そのうち辻褄が合わなくなるのがオチだ。辻褄の合わないお世辞は嘘と同じで、これまでの信頼まで壊してしまいかねない。

また、本音を聞き出したいなら、遠回しな言い方は不要。正面突破を狙ったほうが成功率は高い。

Column

成功の秘訣「ウン・ドン・コン」

会話のテクニックとは直接関係ありませんが、どんなビジネス・シーンにも役に立つ考え方があるのでご紹介しましょう。僕がよく祖父や祖母から言われていた、「人生の極意はウン・ドン・コンだ」というフレーズがあります。ウンは「運」のことで、運がいいこと。ドンは「鈍」感のことで、つまりバカであること。そして、コンは根性の「根」のことです。

僕はこれまで、周りが何を言っても気にしない「鈍感さ」と、けっしてめげない「根性」、そして、チャンスを逃さない「運」だけで生きてきました。

楽をしたり裏切ったりするようなことをせず、バカになって、何度も何度も、根性で挑戦し続ける。そうすれば、結果的に運はついてきます。

皆さんもぜひ「ウン・ドン・コン」の考え方を取り入れてみてください。

本音を聞き出す三か条

その一

聞きたいことをハッキリと尋ねないとハッキリとした答えは返ってこない

回りくどい質問では、要点がぼやける。すると、答える側も、何を答えてよいのかわからなくなってしまう。正面から質問をぶつけよう。

その二

本音を探るなら常に真剣勝負のつもりで臨む

遠回しに聞いてきたり、うまいことを言ってくる人物からは本気さは伝わってこない。むしろ「口先だけ」という印象を抱かせてしまいかねない。

その三

お世辞は使いどころに注意する

もともと心にもないことを言い続けていると、どこかでボロが出る可能性が高い。お世辞は場を盛り上げるためのツールと割り切り、要所要所での使用に止めよう。

Study 11

「わかりません」は恥ではない
無知であることを隠してはいけない

知ったかぶりは厳禁、素直に無知を認める

何度も言うが、人と会う前には事前準備をすることが不可欠だ。しかし、それでも聞き手の知識が及ばず、相手の話が理解できないことがある。

「わかりません。教えてください」と告白することは、嘲笑の的となるかもしれないが大切なことだ。「知ったかぶりをする」ことと、「無知であるのに知ろうともしない」態度と、「知らないことを知らないと認め、教えを請う」という姿勢とでは、相手の受け止め方も大きく異なる。

現代社会は分野の専門化が高度に進んでいる。ひとりの人間が物理学や医学、政治や経済に関してまで知識を有することは困難だ。**「無知だ」と笑われることもあるかもしれないが、一方で「正直者で、勉強熱心だ」という評価もついてくる。**

Column

弱さをさらけ出すことで人間関係も変わる

僕は高校を卒業後、大学に通いながら学費を稼ぐために旅行会社で働いていたのですが、滋賀県から上京したてで、生粋の彦根弁しか話せず、口を開く度に笑われるという屈辱を味わっていました。そこで、何とか周囲になじむために、3日で東京弁を身につけました。加えて、開き直って自分の無知や弱みをさらけ出し、自然体で職場になじもうと考えたのです。

誰かれかまわず素直に頼るようにしていくうちに、周りのみんなも「こいつは根性あるし、素直で可愛げもある」と、いろいろとやさしく手助けをしてくれるようになったのです。

下手なプライドは捨てて、弱みを包み隠さずさらけ出す。若さゆえに得られた、貴重な経験です。

ただの無知だと思われないための３原則

原則① 無知であることを恥じない

若いときや経験が浅いうちは、恥じることなく無知をさらけ出し、率先して教えを請うこと。ただし、無知であることについて開き直ったり教えてもらって当然、といった態度は禁物。

原則② 調べる努力を怠らない

人にものを聞く際は、事前に自分でよく調べてから尋ねること。調べればすぐにわかるようなことを質問すると「努力をしないヤツ」というレッテルを貼られてしまう。

原則③ 教えてくださいと言う勇気を持つ

下調べをしたにもかかわらず、わからないことがあったら、知ったかぶりをせず「わかりません。教えてください」と尋ねる勇気を持つこと。

Advice 「知る」努力と「知らせる」努力を

人間関係において、相手に関する「無知」は軋轢《あつれき》や齟齬《そご》の原因になる。そりが合わない上司や取引先担当者なども、多くの場合、その原因は相手をよく知らないことにある。

新しい職場に勤務するとき、相手と初対面のとき、初顔合わせの相手と仕事をするときなど、まずは自分から相手を「好意的に知る」努力をすべきだ。「おはようございます」と元気に挨拶することから始めるなど、きっかけは些細なものでいい。

同時に、自分を知ってもらうための努力も惜しまないこと。「好き」も「嫌い」もお互い様であることを忘れないようにしよう。

Study 12

異論を聞くことがコミュニケーションになる
ディスカッションで会話力を磨く

参加する人の数だけ答えと理由がある

「ディスカッションをしたら何らかの答えを出さなければならない」と思っているかもしれないが、テーマによっては正解が見つからないことがある。むしろ、現代社会は正解のない問いで溢《あふ》れている。

しかし、これまでの日本の教育では、必ず正解のある問いがテーマとなってきた。そのため、多くの日本人は正解を出さなければならないという強迫観念に駆られ、正解がない問いには沈黙してしまう。

そこで、ときには答えのないテーマでディスカッションをすることをおすすめする。そして**「このディスカッションには答えはない。人の数だけ答えがある」と意識する癖をつける**ようにしよう。それだけでも、人の意見を聞く姿勢が身につく。結果的にコミュニケーション力も向上するはずだ。

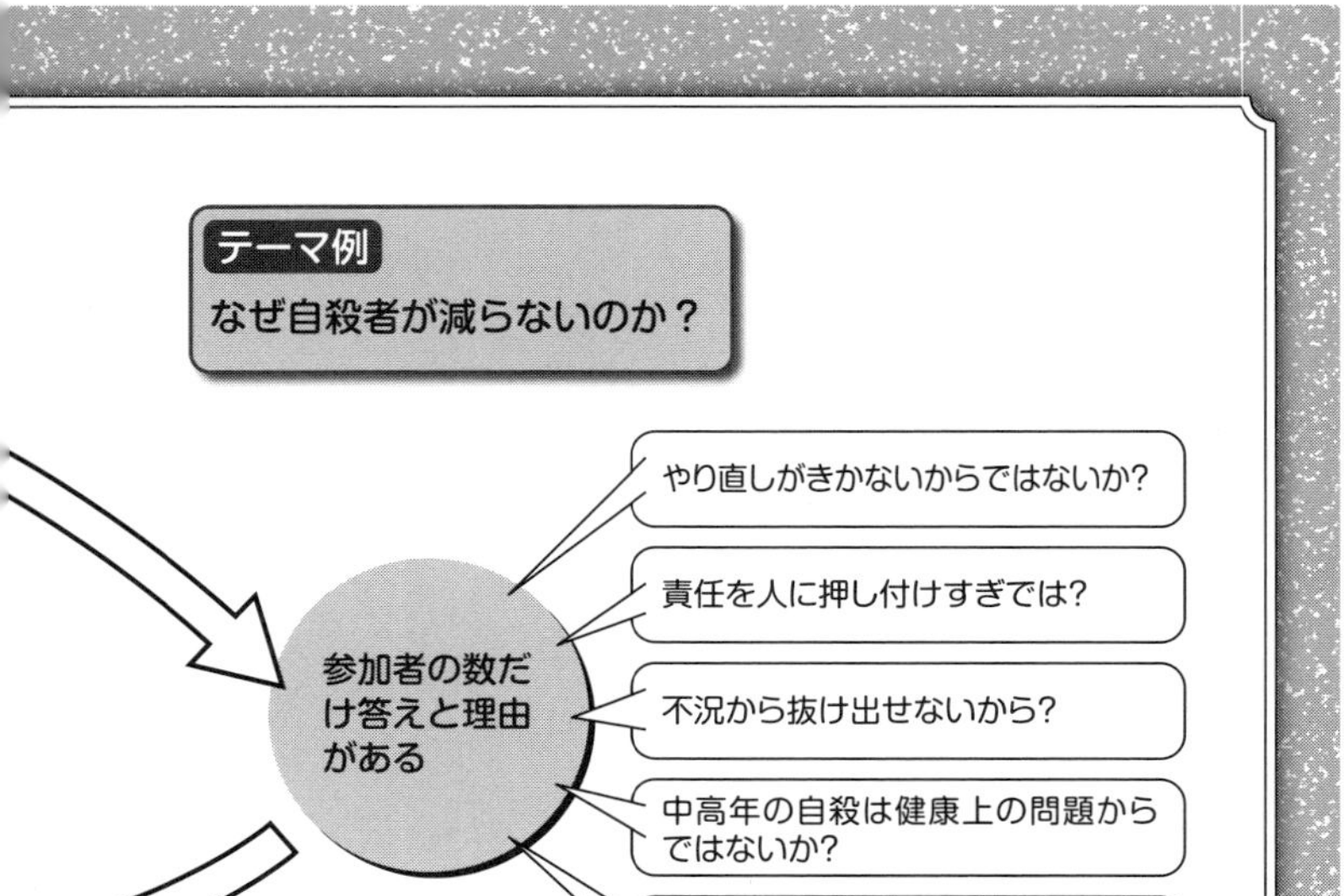

テーマ例
なぜ自殺者が減らないのか？
参加者の数だけ答えと理由がある
やり直しがきかないからではないか?
責任を人に押し付けすぎでは?
不況から抜け出せないから?
中高年の自殺は健康上の問題からではないか?
なぜ、男性に比べて女性の自殺者は少ないのか?

Column

正解なんてどこにもない

僕が思うに、日本人は質問を通してコミュニケーションを発展させる考え方に慣れていない。この日本人特有の議論ベタの恩恵を受けてヒットしたのが、マイケル・サンデル教授による公開授業番組『ハーバード白熱教室』です。

ご覧になった方ならおわかりかと思いますが、サンデル教授の講義では「なぜ人を殺してはいけないのか?」といった問いをどんどん出して、学生間でディスカッションをさせるのです。

そして、この番組は重要なことを2つ教えてくれます。

ひとつは「正解なんてない」ということです。「あなたはどう思う?」と聞かれたら、考えながら答えたり、答えながら考えたりするのです。

そして次に「どう表現すれば上手に伝わるかを意識する」ということです。自分の考えをできるだけわかりやすく伝えるように工夫するのです。

日本の若者の間で、こうした番組が流行ったのは、もしかしたら日本人のコミュニケーションも、変わろうとしているからかもしれませんね。

ディスカッションで答えは出ない

答えのないディスカッションはどんどん対話を活性化させる

ディスカッションに勝ち負けはない。そもそも相手を論破したり答えを統一したりするためのものではなく、相手の意見を聞いて自分の考えに幅を持たせるために行う。

異論・反論で議論が活性化する

Point

ディスカッションはコミュニケーション能力を磨く最適な方法。

Study 13

相手を問い詰めても本音は出てこない

イエスかノーかで答えられないのが人間

白黒ハッキリできるものなんてない

相手の言っていることが曖昧で、思わず「どういうことかハッキリしてよ」と問い詰めてしまうことがある。

しかし、何事においても、問い詰めたり、物事に白黒つけようとしたりするのはよろしくない。そもそも**世の中は、きれいに割り切れないことのほうが多い**からだ。朝令暮改《ちょうれいぼかい》という言葉があるように、朝に考えていたことが、夕方には変わってしまうこともざらにある。相手を問い詰め、白黒をつけさせようとする行為は、不本意な恨みを買うだけだ。

どうしても相手の本心を知りたいのなら、まずは自分の考えや意見を述べて、それに対する感想をもらうようにしよう。こちらから問い詰めていくだけでは、相手も答えに窮してしまいコミュニケーションは進展しなくなってしまう。

本音にはいいも悪いも、真理もない

本章では、本音で話す技術をいくつか紹介してきた。世の中のあらゆる事象は相対的で、唯一の正解があるわけではない。しかし、だからこそ、さまざまな視点からの意見や、異なるものの見方を持った人の本音を聞き出すことが重要になってくる。確固たる正解がない以上、少しでも世の中を公平に理解するためには、それしかないと言っていいだろう。

そのうえで、最後に伝えておきたいのは、**本音だからといって、それが真理というわけではない**ということだ。本音にいいも悪いもない。固定観念や偏見に振り回されて自分を見失わないことが大切だ。そして、人の考えは曖昧で、移ろいやすいものであるということを自覚しておこう。

問い詰めると相手は答えに窮してしまう

Point 相手の立場を考慮して議論に白黒をつけてはいけない。

コミュニケーションが持続しない典型的な例

ハッキリしてくださいよ
今は考えがまとまらない

人と話すときは、次の点を意識しておこう。
- 考えに白黒をつけるのは難しい
- 考えは常に変化するもの
- 相手の立場を考慮して譲歩する

代案を用意すると返答をもらえる

Point 追い込むだけでなく、相手の返答を引き出すことも大切。

質問を投げるだけの場合

困った……答えられない
質問

代案を用意して質問を投げる場合

私が言いたいことはそれ!!
代案

質問をするだけだと、相手が答えに窮してしまいコミュニケーションは進展しない。

Profile

1959年生まれ。早稲田大学卒業後、博報堂に入社。８年間CMプランナーとしてTV・ラジオCMの企画演出等を行う。91年、同社を退社し「株式会社中谷彰宏事務所」を設立。就職の手引書「面接の達人」シリーズが大ベストセラーになる。人生論、恋愛論、ビジネスに関する書籍を多数刊行する。「中谷塾」を主宰し、東京・名古屋・大阪でセミナー、ワークショップ活動を行う。

Chapter 2

やる気にさせる!褒める技術

中谷彰宏（なかたに・あきひろ）
作家

Study 1

「褒める」と「評価」は似て非なるもの
素直な驚きの声こそが最高の褒め言葉

上から目線では褒めたことにならない

一見すると「褒めること」と「評価すること」はよく似ている。もし、あなたが円滑な会話をしたいと望むのならば、まずは「褒めること」を覚えよう。

たとえば、オフィスで「キミのココがよい」と上司が部下に語りかけ、かしこまった部下が、慇懃《いんぎん》なお辞儀をしているシーンを想像してほしい。これは、褒めているのではなく、上から目線で「評価している」にすぎない。

では一体、どうすれば褒めることができるのか？自分が褒められて嬉しかった経験を思い出せばよい。仰々しい言葉での評価よりも、「おぉ、凄い」といった感嘆の言葉を投げかけられた時のほうが、印象に残っているだろう。**相手と同じ目線で褒める一番簡単な方法は、相手に対して素直に驚いてあげること**なのだ。

Point

「褒めること」と「評価すること」との違いは「目線」の違い。

素直に驚いてあげる

元気になる

驚きに気の利いた言葉はいらない。しかも、部下には絶大の効果を発揮する。今日から、さっそく試してみよう。

Column

相手の想像を超えると、驚いてもらえる

僕が博報堂時代に、上司に褒められて嬉しかった時の話をしましょう。当時、営業部から制作部に転属を希望する際、３００字の作文試験がありました。同じ試験を受ける仲間たちは、1～2本程度しか作文を書いてきていません。しかし、僕は、30本の作文を書いていきました。

それを見た面接官が、「これ全部、キミが書いたの!?」と言ったのです。その面接官の驚いた顔は、今でも忘れられません。嬉しかったですね。「どうだ!」という気分です。

こうして制作部へ転属になり、以来、キャッチコピーを書く時には、３００本書いてこいと言われたら、最低でも５００本書くようにしました。そして上司が原稿用紙の束をめくりながら、「手が疲れる」と言うのです。そのうちの1枚を見ながら、「こんなのは暇な時にやれ」ってツッコんでくる。とにかく相手に驚いてもらえると、僕は嬉しかった。褒めることは驚くことだと、僕が考えるのは、この経験からきているのです。

「褒める」と「評価する」の違いを意識する

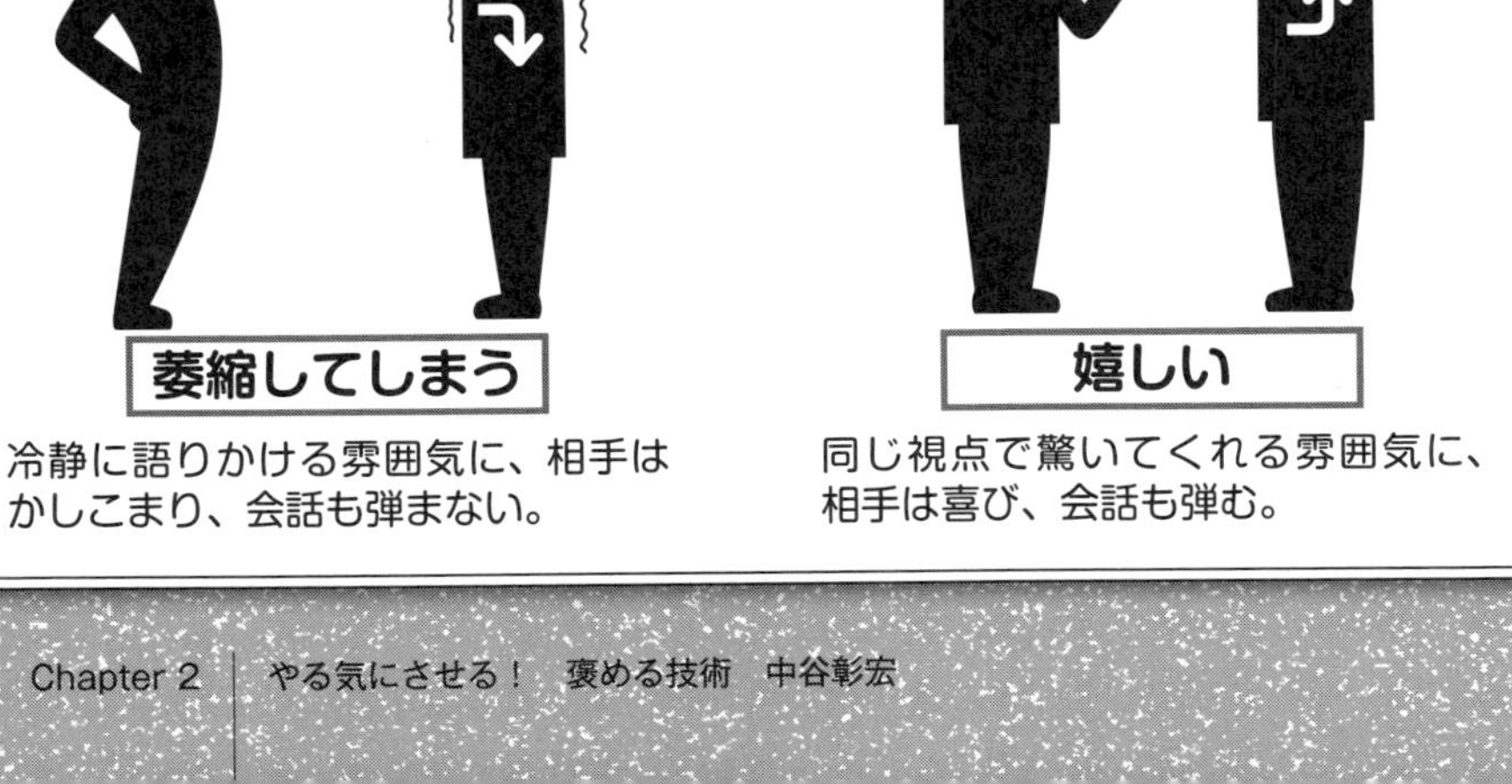
上からの目線 ＝ 評価
萎縮してしまう
対等の目線 ＝ 褒め
嬉しい

冷静に語りかける雰囲気に、相手はかしこまり、会話も弾まない。

同じ視点で驚いてくれる雰囲気に、相手は喜び、会話も弾む。

Study 2

褒めるために必要な3つの心構え

心に余裕を持って、身振り手振りで共感を伝えよう

負けを認める勇気を持とう

気持ちのよい褒め方には、３つの心構えが必要だ。

①心に余裕をつくり、潔く「負け」を認める。

②心を偽らず、素直に共感をする。

③身振り手振り、表情で表現する。

この３つを心得るだけで、ずいぶんと褒め方の技術は向上する。まず、なぜ潔く負けを認めないといけないのだろうか？

人間（特に男性）はプライドが高い生き物で、勝ち負けにこだわる習性がある。相手を「褒めること」は「負けを認めること」であると本能的に知っているのだ。そのため、**勝ちにこだわってしまうと、素直に褒めること**

③ 表情で表現する

無理に表情をつくらず、素で表現する

表情を隠したり、つくったりすると不自然になる。
素直な表情を相手に見せるべき。

共感を表現する時は、表情や身振りでアクセントを加えてみよう。眉間のシワや大きいアクションでイスの背にもたれかかるなど、ちょっとしたアクセントで驚きは伝わる。

Advice 大切なのは共感すること

誰かを褒めようと思うなら、共感しているということを相手に伝える努力をしよう。

ができない。

オフィスで部下が褒めてもらいたいと思っている時、「ご苦労」などといったそっけない発言であしらいがちだ。プライベートでも、ディナーに招待された時などに、「他にもおいしい店を知っているよ」などといった態度をとってしまいやすい。

少しでも心当たりがあるなら注意が必要だ。あなたの発言では、誰も喜べない。部下の努力もパートナーの努力も、まったく報われていない。まずは素直に負けを認め、驚いてあげるだけでいいのだ。

表情や身振りで「共感」を表現しよう

難しく考える必要はない。人は嬉しさや悔しさといった感情を共有してもらう（共感する）ことで、ぐっとお互いの距離が縮まる。たったひと言、「私もそう思う」「同じ意見だ」と伝えることが「共感」なのだ。

気持ちのよい褒め方の心構え3か条

Point
素直にならなければ人を褒めることはできない。

① 負けを認める

褒めることは、負けを認めること

負けまい、負けまい、と意固地になると、そっけない言葉しか出てこない。

② 共感する

「私もそう思う」「同じ意見です」ということを伝える

難しい言葉を並べるよりも、共感をひと言にまとめたほうが、相手に思いが伝わりやすい。

NG

「ご苦労」などとそっけない態度であしらうのはNG。

Study 3

シンプルな言葉＋行動で感謝と喜びを伝える

長々と褒めそやすことほど、ヤボなものはない

相手の期待に応えてこそ褒めの効果がある

せっかく時間をたっぷりかけて長々と褒めても、それが逆効果になってしまうこともある。たとえば、彼女がつくってくれた料理を前にして、男性がグズグズと写真を撮りながら、「お店みたいだね」などと言っている場面を想像してみてほしい。あなたが彼女の立場なら、**すぐにおいしそうに食べて感想を聞かせてほしいと思う**だろう。これでは相手の感情を無視しているのとなんら変わりはない。

これと似たような失敗が、ビジネスの現場でよく見受けられる。褒める側は、より丁寧に、より丁寧にと言葉を選び抜いて、いつもの倍も時間をかけて褒める。でも、相手は待ちくたびれて、期待度も低下してしまうパターンだ。

Column

すぐに行動されると人は嬉しく感じる

僕は、よく自分の著書をプレゼントします。その際、「勉強になりました」「参考になりました」などと社交辞令を述べてくれる方は多いのです。確かに、これは一般的にも耳にする言葉ですが、実は褒め言葉になっていません。

なぜなら、参考になったと言っているだけで、実践したかどうかは疑わしいからです。

一方で、もし、パラパラと読んだあとにスックと立ち上がり、「もう帰ります。すぐに実行しますよ」と言われたら、これに勝る褒め言葉はありません。本の内容について、どこがよかったなどとひと言も触れていませんが、その人にとって価値があることが書いてあったということが僕にも伝わってくるからです。

これが、褒めるということなのです。

誠意はリアクションの速さ

Point
その場で素早く褒めるのが効果的。

ネクタイをもらったら……

○ その場ですぐに身に着ける
× 礼を述べてカバンにしまってしまう

本をもらったら……

○ 相手の目の前で読んで、すぐに書いてあることを試す
× 「参考になります」と言って読まずにカバンに入れる

ご馳走になったら……

○ すぐに食べ始めて「おいしい」と言う
× なかなか食べずに見た目を褒める

リアクションを期待している相手に対しては、褒め言葉を並べるだけでは効果は薄い。すぐに使う、食べるなど、行動に移して感想を相手に伝えよう。

Advice 褒め上手はリアクション上手

たとえば、得意先を訪問した際に、ちょっとしたいただきものをした。いただいた人は、「この度は結構なものを……」と、謝辞を述べて深々と頭を下げる。社交辞令の典型で、なんだか味気ないものだ。あるいは、「ありがとうございます」とお礼も短めに、「それでですね」などと話題を変えてしまったら、なんとプレゼントしがいのない人だと思われてしまう。

相手を喜ばせるのが上手な人は、いただいたらすぐに取り出してみせる。相手が望んでいることを察知し、実行に移すのだ。

Study 4

褒めることを大切にしすぎない
挨拶のように褒める習慣を身につけよう

軽い褒め言葉でも想像以上に効果がある

褒めることを大切にしすぎる傾向がある人ほど、いざ褒めようと思っても、なかなか言い出せないものだ。しかし、現実には、気負うことなく軽く褒めたほうがよい場面が多い。

特に、上司が部下を褒める時、部下の熱意が冷めやらぬうちに褒めないと、次の行動意欲にもつながらない。たとえば、部下がバシッとプレゼンを決めてきたら、「よしっ」や「やるね」などの軽い言葉で、**すぐに喜びを分かち合うことが大切**だ。

その点、欧米の人たちは簡単に褒め合う。すれ違っただけでも、「その服似合うね」と言ってくる。もはや挨拶と同レベルだ。彼らは、褒めることで、敵意がないことを意思表示しているのだ。もっと気軽に、もっと簡単に、褒める習慣を身につけよう。

Column

一度、落としておいて持ち上げるテクニック

気軽に褒める言葉をかけられない相手、たとえば上司などを褒めるにはテクニックが必要です。ただストレートに褒めてもおべんちゃらを使っていると勘違いされがちです。そんな相手に活用できるのが、一度、落としてから持ち上げる褒め方です。具体的には次のような使い方です。

「うちの上司、社内遊泳が下手なんだよね〜」

実力はあるのになぜか出世コースに乗れていないという意味を込めていますが、「下手」というネガティブな言葉で落としておき、同時に実力を褒めています。「良好な関係のもとでは、落とし言葉が褒め言葉に変わる」という性質を利用しています。相手との関係性がしっかりしていれば、どんな言葉であっても、褒め言葉に転じることができるという例です。

褒めることは、挨拶と同じ

Point 挨拶するように褒めよう。

褒めることが挨拶なら、「褒め方を教えてください」という問いは、「おはようございますの言い方を教えてください」とお願いしているのと、変わらない。もっと気軽に褒め合おう。

時間をかけて褒めるのはNG

じろじろ上から下まで目線を動かしたあげく、その人ではなくモノを褒めてしまうのは、もっとも避けたい褒め方だ。

Study 5

過剰な褒めは逆効果になる場合がある
皆と同じところを褒めない

下手に褒めると逆効果に

雰囲気のよい会社では、ごく日常的に、社員同士が褒め合う習慣がある。しかし、褒めることがクレームにまでなってしまったケースもある。かつて、ある大手企業が、「お客様を褒めようキャンペーン」を展開した時のことだ。キャンペーン期間中に、重要なクライアントがとても目立つ黄色いネクタイを着けて来訪した時に、事件は起きた。

たまたますれ違ったひとりの社員が、「素晴らしいネクタイですね」と褒めると、このお客様は大激怒。ついにはクレームにまで発展してしまったのだ。

実は、その会社でこのお客様がネクタイを褒められたのは、この日で5度目。会う人会う人、素晴らしいネクタイ、素晴らしいネクタイと褒めてくる。「どうなっているんだ、この会社は！」となってしまったというわけだ。皆が申し合わせたように同じことを言う。これは誰だって嫌だろう。

褒めるところが他の人とかぶらないようにする

相手の目立つところを褒めれば喜んでもらえると考えるのは、間違いではない。でも、他の人も同じことを考えていると思ったほうがいい。**人を褒める時忘れてはならないことが、他の人と褒める部分がかぶらないこと**。相手が目立つ黄色いネクタイを着けてきたなら、ここに来るまでにすでに誰かがネクタイを褒めているはずだ。

人とかぶらないコツは、目立つところをあえて無視し、なるべく小さくて見えにくいところを褒めること。ネクタイではなくネクタイピン、ワイシャツならボタンやカラーといった部分だ。これは、服装に限らず、その人の容貌や性格でも同じだ。

人と同じところを褒めないために

人は最初に目にしたものや、目立つものを褒めてしまいがち。この方法では、他の人との差別化が難しい。そこで、次の２点を意識してみよう。

①目立つところは無視する
②なるべく小さくて見えにくいところに注目する

目立つところは必ず他の誰かが褒めているはずだと考える。

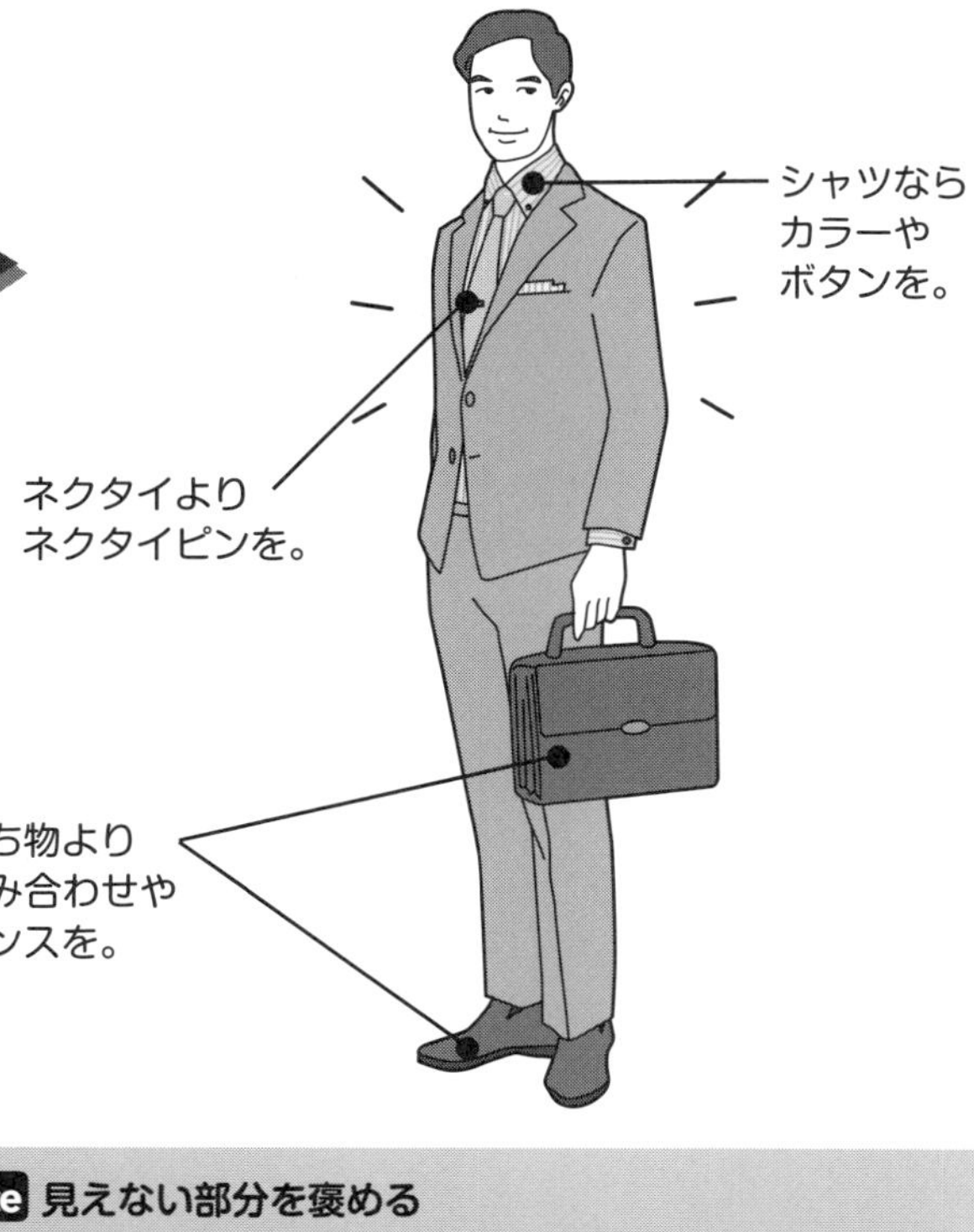
シャツなら
カラーや
ボタンを。
ネクタイより
ネクタイピンを。
持ち物より
組み合わせや
センスを。

Advice 見えない部分を褒める

容姿の優れた人に対し、いくら外見を褒めても、聞き飽きているので嬉しくない。むしろ、「そこを褒めますか！」と言わせるところ、隠された部分をあえて褒めるほうが、インパクトがある。繊細さや知性など、人とは違う視点で相手のよいところを探すクセをつけておこう。そうすれば、あなたも一目置かれるはずだ。

Study 6

その人が持つ不変の価値を認識する
モノを褒めずに選択したセンスを褒めよう

センスを褒められるのが一番嬉しい

褒めるのが下手な人は、人ではなくモノを褒めたがる傾向がある。ホストクラブでの研修の際に実際にあった、成功例と失敗例で説明しよう。

あるホストは、着席したお客様に対してすぐに「靴のお色と腕時計のコーディネートが見事。素敵ですね」と言った。彼は、お客様が身に着けている、誰もが目を見張るバッグや靴、腕時計などの高価なブランドではなく、お客様のコーディネートを褒めた。

このホストが凄いのは、観察力と、そして**モノを褒めずに、それを選んだ人のコーディネート、つまりセンスを褒めている**点だ。

一瞬で見抜く観察眼を鍛える

Point

相手を見た瞬間に褒めるところが見つかるように、観察眼を鍛えておく。

変動する価値と不動の価値

（持ち物をきっかけにして、即座に、その人のセンスや人間性を褒めるようにするのがテクニック。）

褒めるのはNG　**変動する価値 ＝ 見せかけの姿**

持ち物、年齢、年収、容貌、社会的身分

褒めポイント　**不動の価値 ＝ その人の人間性**

センス、生命力、価値観、性格といった人間性

Advice　不動の価値を褒める

　お金で手に入れたモノは、やがてなくなる「変動する価値」。年収や年齢も変動する価値といえる。しかし、センスや生き方、知性や人間性は不動の価値だ。モノを褒めるなら、必ずその人のセンスを一緒に褒めるべきだ。相手の不動の価値を認め、褒めることが、本当にその人を理解することにもつながる。

NG例　上から下まで見るのは品がない動作

　ホストクラブでの研修における、ＮＧ例を紹介しよう。別のホストは、お客様が着席した時に「えぇ～」と言いながら、視線を上から下に動かして、褒めるところを探し始めた。そして、ようやく褒めたところがブランドのバッグだった。〝やってはいけない〟の典型だ。このホストに限らず、真面目な人の多くは、どこを褒めようかと、視線が泳いでしまう。これでは、相手から好意を持ってもらうことは困難だ。

　モノを褒めるなといっているわけではない。あくまでモノは褒めるきっかけにすぎないと認識すべきだ。

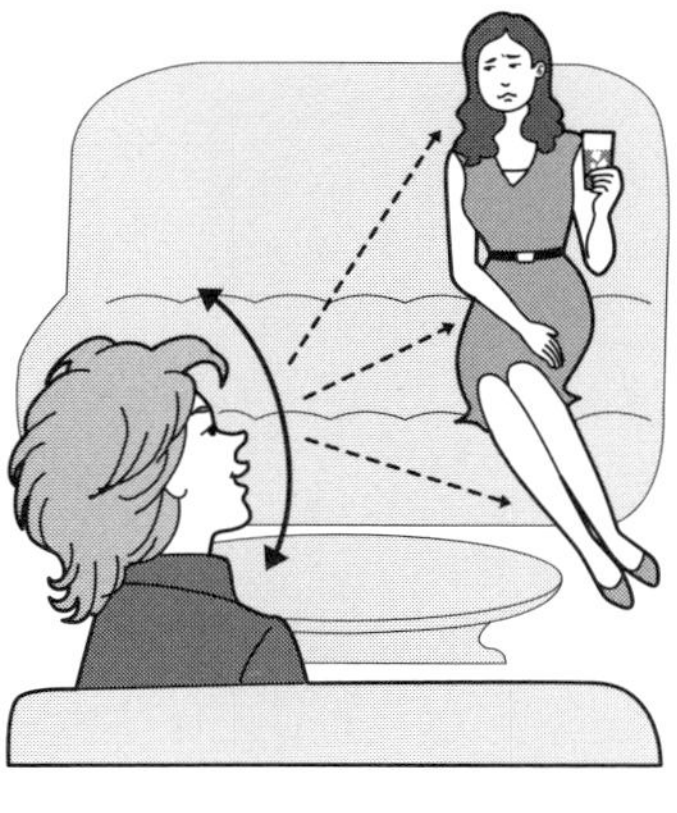

Study 7

男女別　褒め方のコツと注意点

男性は内面を褒め、女性は状況で褒め分ける

（自分が外見を気にするために、内面の褒め言葉に弱い男性。第一印象とは真逆を褒められることに弱い女性。この上手な使い分けが、男女を褒めるテクニックだ。）

男性

Point　内面を褒める。

「イケメン」だとか「美男」だとか、男性の外見を褒める言葉が氾濫している。しかし男性を褒める場合は、内面に焦点を当てるようにするのがいい。

男性は視覚に頼りがち。
「さっぱりしている」「意外と気が利くね」「知的だ、文学的だ」などの内面を褒める言葉に弱いという傾向がある。
内面を見る力が弱い。

Advice　男性を褒めるなら内面を褒める

男というのは、視覚が9割の生き物だ。意外と自分の身なりを自覚しているもので、外見だけでは男性の心の奥底まで深く突き刺さる言葉は見つからない。

男性相手には、外見ではなく内面について言及することが上手に褒めるコツだ。

男性と女性では褒め方が異なる

女性

女性に対しては、見たまま、感じたままを褒めるのではなく、その逆を褒めることが、より効果的。

Point
第一印象の真逆を褒める。

人並みな外観の女性は外見を、美人は内面を褒められたいという欲求がある。

帰国子女や海外でMBAなどを取得してきたような性格が強いタイプの女性は、繊細な部分を褒められたいという欲求がある。たとえば、「意外とナイーブなんだね」という女性らしさに迫ったようなセリフだ。

Advice 女性は見たままを褒めてはいけない

過度な外見の褒め言葉は、セクハラになってしまうので注意すること。また、褒めた当人にその気がなくとも、褒められた側が「本当はそんなこと思っていないくせに」と勘ぐる可能性がある。特に、美人は外見を褒められることに慣れているため、意識して内面を褒めてあげること。人並みな外観の女性に対しては外見を積極的に褒めるとよい。

Study 8

目に見えるものがすべてじゃない
「空気感」を褒める最強テクニック

目に見えないものを褒める

目立たないところを褒めようとしても、たいていうまくいかない。そこで、効果的なのが「**自分が言おうと思った最初の言葉は、とりあえず飲み込んでしまう**」という方法だ。目立たないところを探すより前に、相手の第一印象を絶対に口にしないというルールをつくる。こうすれば、少なくとも最初のひと言は、人と同じものにはならないだろう。

そして、目立たないところで褒められると嬉しいのが「雰囲気」だ。人は感覚的な部分を褒められることに慣れていないので、たいてい喜んでもらえる。たとえば「あなたからは本の香りがしますね」と言われたら「文学的な雰囲気」「知的に見える」と言われていると思う。これは「共感覚法」（通常使われるものとは異なる種類の感覚を用いて表現する方法）と言われるレトリックのひとつだ。

雰囲気は誰も否定できないし、する理由もない。香りすらも褒め言葉になることを覚えておこう。

Column

あなた自身のストライクゾーンを広げろ

メジャーリーグでは、観戦者が飽きないように、ストライクゾーンを広げて、試合のテンポを速くする工夫をしています。どんどんストライクが入るので、バッターはモタモタしていられません。おかげで試合はスイスイ進んでいきます。

人とかぶらない褒め方もこれと同じです。欠点も短所も何もかもすべて褒められるように、あなたのストライクゾーンを広げておくのです。

褒めるスピードも自然に速くなり、やがて周囲の人から、「私も言おうと思っていたのに」と、悔しがられるまでに上達します。

褒めるところを重複させない3つの方法

① 最初のひと言を飲み込む

最初に目に入った点、第一印象は褒めない。第一印象は誰もが褒めるところだと心得よ。

② 雰囲気を褒める

視覚だけに頼った褒め言葉を使わない。視覚の印象は他の人とかぶる可能性が高い。雰囲気を褒められて悪い気がする人はいない。

③ 褒めるスピードを速める

自分の好みだけに固執しない。さまざまな視点から褒められるよう、自分のストライクゾーンを広げ、トレーニングを積んでおく。

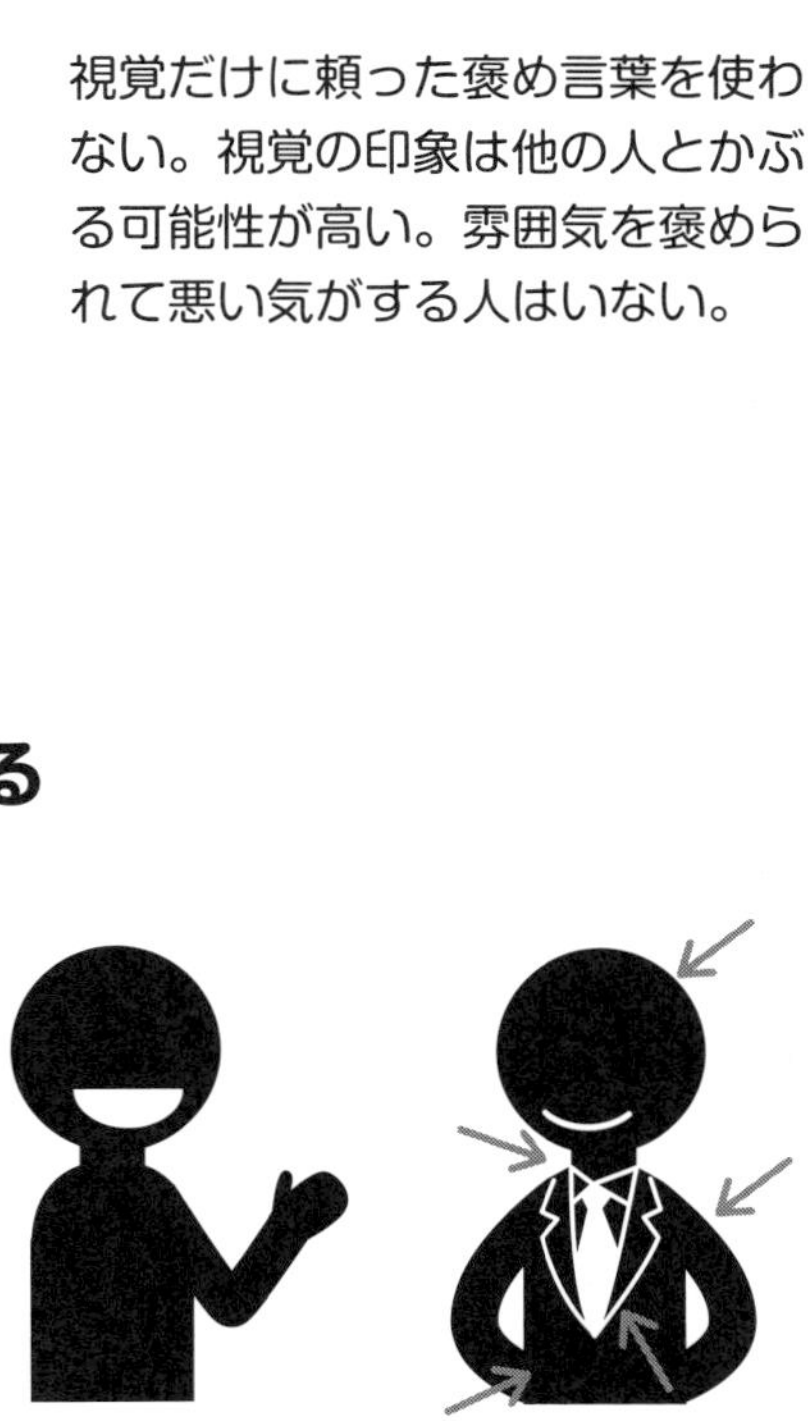

Study 9

結果ばかりを見ていたら褒めるところは見つからない

チャレンジ精神やプロセスにも注目しよう

結果の成否だけで人を見ないことが大切

褒めるところがないと言う人がいる。本当だろうか。褒めるところがない人はいない。また、人を褒めることで困ることなどもない。

そう心から思えるようになるためには、結果の成否だけが褒めるポイントではないと認識を改める必要がある。結果だけを褒めようとしても、うまくいくはずはない。**チャレンジ精神やプロセスに注目することが大切**だ。

ゴールやタイムではなく、チャレンジ精神やプロセスなどの姿勢

結果を重視
何位だった？
タイムは？
GOAL
プロセスを重視
よくマラソンに参加しようと思ったね
挑戦するだけでも凄いよ
途中で棄権することも重要ですよ
次につながる行為ですから

を褒めるようにすることで、褒める対象は無限に広がるのだ。

Column

「いい質問ですね」はプロセス褒めの決定版

ジャーナリストの池上彰さんが、「いい質問ですね」と言いますよね。決していい質問でないものに対してもです。これこそが、「プロセスを褒める行為」です。

普通であれば、当たり前すぎて聞けないような質問を、天然系のアイドルが言ってしまったとしましょう。その場面で、みんながシーンとしたら番組はシラケます。それが、池上さんのひと言で救われるわけです。結果的にスタジオを活性化させる、最高の褒め言葉になっているのです。

褒めるポイントを増産する思考法

Point

結果にばかり目を向けず、プロセスを褒める。

チャレンジする姿勢やそのプロセスに注目すると、いくらでも褒めるところが見つかる。
START
ゴールだけに注目すると、結果の良し悪しにとらわれてしまい、途中リタイヤなど悪い結果の場合、褒められない。

Study 10

人を紹介する時は自分の位置に注意
褒める相手を話題の中心に

人を紹介する時は自分を周辺側に置く

話の中心に誰を据えるかで、同じような話の内容でもずいぶんと違う印象を与えることがある。取引先担当者に新人を紹介する際の会話例で比較してみよう。

①一般的な紹介（話し手目線）

「右も左もわからない新人なので、ご迷惑をおかけするかもしれませんが、どうぞ、よろしくお願いいたします」

②紹介される者を中心に据えて紹介

「右も左もわからない新人ですが、彼は金曜の夜に誰よりも早くタクシーを拾ってくるスゴいヤツなんです。どうぞ、よろしくお願いいいたします」

①の話し手目線では、いくら言葉を並べても新人を褒めることにはならない。一方、②の例では、**話し手は傍観者となり、新人を中心に据えて紹介している。**加えて「第三者の前で褒めるテクニック」（左図参照）により、その場にいあわせた全員からの評価を高めることに成功している。

人前で褒めると効果倍増

もっとも効果的な褒め方は「第三者の前で褒める」というもの。面と向かって褒めるのではなく、誰かの前で褒める。この「他己紹介」こそが、褒める効果を最大限に生かす方法だ。

彼は、人がなかなかできない○○なことができてるんですよ
へ～、こんなところを評価してくれていたんだ

紹介された側に「この人は自分のことをこう思っていたのか、こう見ていたのか」ということが伝わるので、うまくできたら紹介されたほうも嬉しくなる。紹介のセリフ一つひとつが、褒め言葉になるのだ。

褒める相手を中心に、自分は周辺側に身を置く

フェイスブックに出てくる相関図をイメージして、褒める相手を中心に、そして自分は周辺側に位置するようなイメージ図を頭に描いてみよう。

相手を中心に置き、周辺の自分が語るように心がければ、よりその人の魅力を伝えることができる。

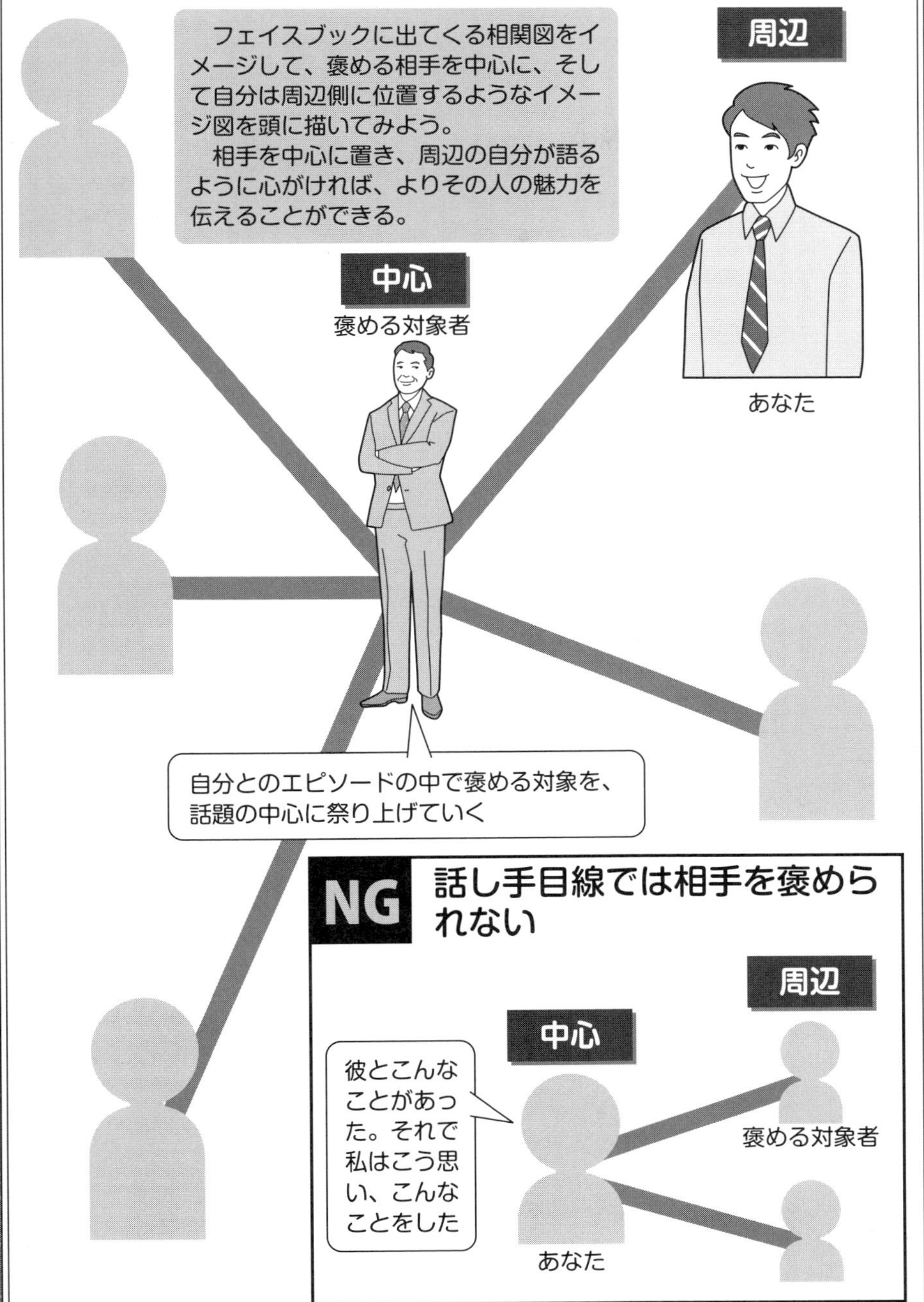

周辺
あなた
中心
褒める対象者
自分とのエピソードの中で褒める対象を、話題の中心に祭り上げていく
NG 話し手目線では相手を褒められない
周辺
中心
彼とこんなことがあった。それで私はこう思い、こんなことをした
あなた
褒める対象者

Study 11

うわさ話が雪だるま式に褒め効果をアップ！
褒める効果を倍増させる方法

伝言ゲームの要領で相手を褒めよう

うわさ話と聞くと、悪い印象しか浮かばないが、褒める際には、とても有効な手法となる。

たとえば誰かに、「いつもカッコいいですね」と言われるよりも、「○○さんが、いつもカッコいいと言っていましたよ」と、伝言の形式で言われるほうが、嬉しく感じないだろうか。何より、後者のほうが、より説得力がある。

これが職場なら、社長から直接に褒められるよりも、「社長が褒めていたよ」と、遠回しに上司や先輩から聞かされるほうが、はるかに期待も膨らむ。

面白いことに、**よいうわさ話は伝言を重ねるごとに説得力を増し、上質な褒め言葉に仕上がっていく**。褒める技術で最高の方法は、伝言をいかに活用するか、ということだ。

Column

毒になる褒め言葉に要注意

「頭いいよね」という褒め言葉は、何気なく使ってしまいがちですが、毒をはらんでいるのです。なぜ長所を褒めることが問題なのでしょうか？

この褒め言葉は、相手にブレーキをかけてしまう危険な暗示なのです。たとえば、これから英検2級を受けようと思っている人が、「頭いいよね」と言われると、もう英検2級は受けられなくなります。やっぱり英検準2級にしとこう、と守りに入るからです。

つまり、「頭いいね」「カッコいいね」などと長所を褒めることは、相手のプライドを勝手に増長させてしまう言葉なのです。短所を褒めると、これより下がることはないので、自信につながります。

褒めたり応援したりした相手が二の足を踏むようでは、褒めた意味がありませんよね。褒め言葉は、毒薬にも良薬にもなります。うまく使い分けましょう。

伝言ゲームで、良好な人間関係のトライアングルをつくる

何も言われていなくても「○○がよろしくお伝えくださいと申しておりました」と相手に伝えてしまおう。言っていないことも言っていることとして既成事実化してしまう「よろしく言葉」は、その場にいない人まで幸福にする褒めテクニックだ。

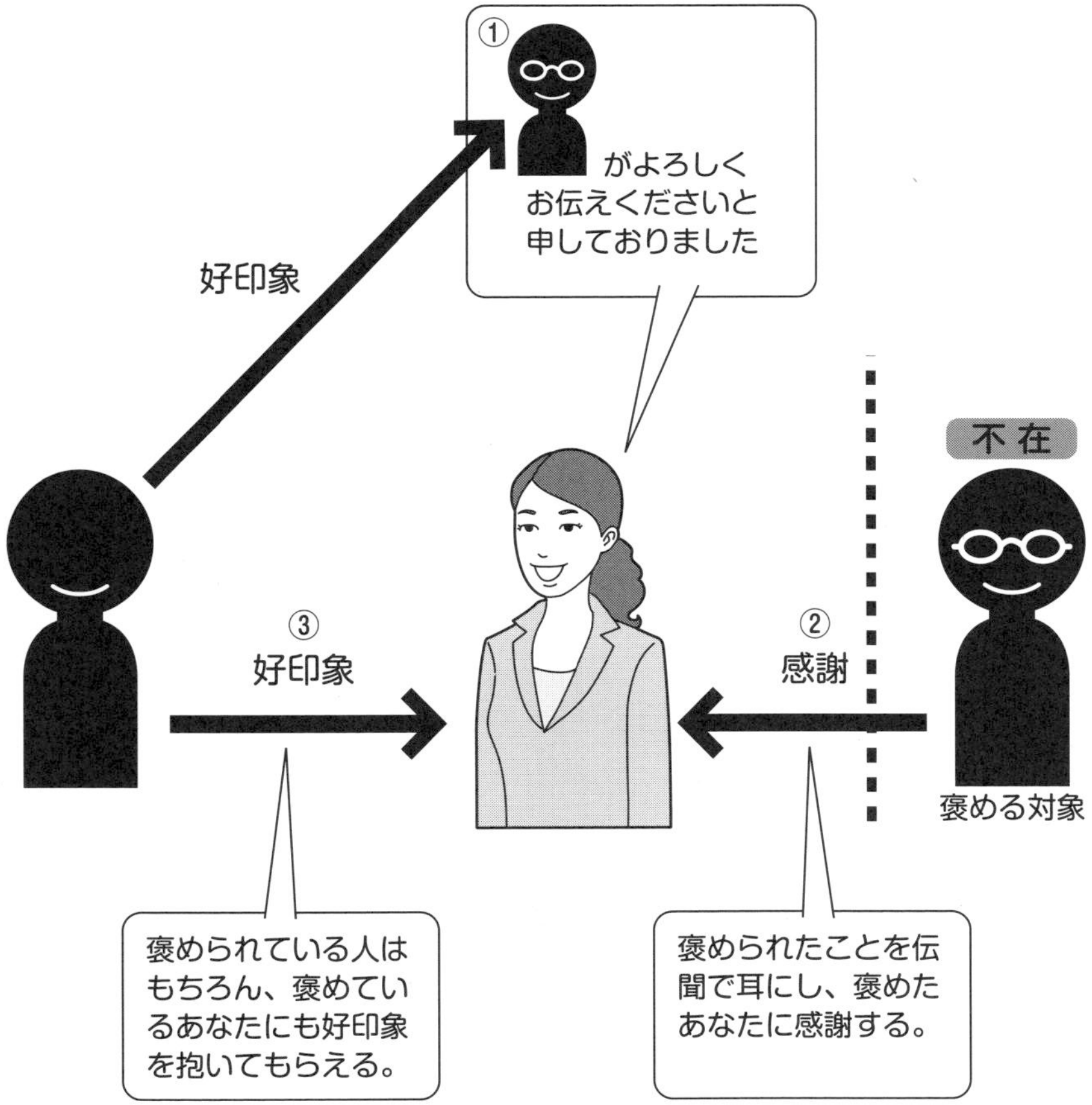

①
がよろしくお伝えくださいと申しておりました
好印象
不在
③
好印象
②
感謝
褒める対象
褒められている人はもちろん、褒めているあなたにも好印象を抱いてもらえる。
褒められたことを伝聞で耳にし、褒めたあなたに感謝する。

①よい言葉を運ぶことで、その効果が何倍にも膨れ上がる。
②褒め言葉を運んだ人の印象もどんどんよくなるから褒められた人も気持ちがいい。
③うわさ話の発信源の人（あなた）も好印象になる。

Study 12

なぜ趣味人は、上手に人を褒められるのか
独自の視点と褒めの表現を広げるトレーニング

好きなものには興味を持てる

多趣味な人は褒めるのがうまいと言われる。たとえばサッカーが趣味の人が、ある決定的なシーンでシュートをしなかった選手を見て、こう分析したとしよう。「今の場面はシュートができたのに、あえてパスを出した。ヒーローになれたところをアシスト役に回って彼はチームの勝利に大きく貢献した」

人は、好きなモノに関してならどんなに些細なことにでも興味を持てるという好例だ。この視点を極めていくことで、褒め方も上達していく。

「よかった」と言ってから次の褒め言葉を考える

それでも趣味のモノに関してのようには褒められないという人は、とにかく何でも、口に出して褒めてみることだ。トレーニング方法を紹介しよう。

Column

カニを人間に見立てて褒めまくる!?

褒め上手になるためのいいトレーニング方法があります。僕はそれを写真家の篠山紀信さんの褒め方に学びました。

モノを褒めるのが最高にお上手な篠山さんですが、とにかく、森羅万象《しんらばんしょう》、なんでも褒めるのです。以前カニを褒めるのを見たのです。これが本当に凄い。横歩きを褒めたり、泡を吹く様を褒めたりと、もうベタ褒め。カニをそこまで褒める人を見たのは初めてでした。さすがに多くの女性の、最高に美しい瞬間を撮り続けている篠山さんです。

この練習で肝心なのは、モノを物体として見るのではなく、人間に見立てて褒めることです。試してみてください。

まず、何があっても「ちょうどよかった」と答える練習だ。「ちょうどいい」と言ってしまえば、たとえ事故に巻き込まれたあとであっても「これを機に○○ができる」とポジティブなコメントを続けることになる。コツは**コメントを思いつくより先にとにかく「ちょうどよかった」と言ってしまう**こと。あとに続く言葉は、それから考える。これを繰り返すうちに、さまざまな事象に対し、なんらかの気の利いたコメントができるようになる。

褒めることもこれと同じで、まずは先に褒めてしまい、次になぜよかったのかを考えるといいだろう。

本人も気づかない魅力を探す

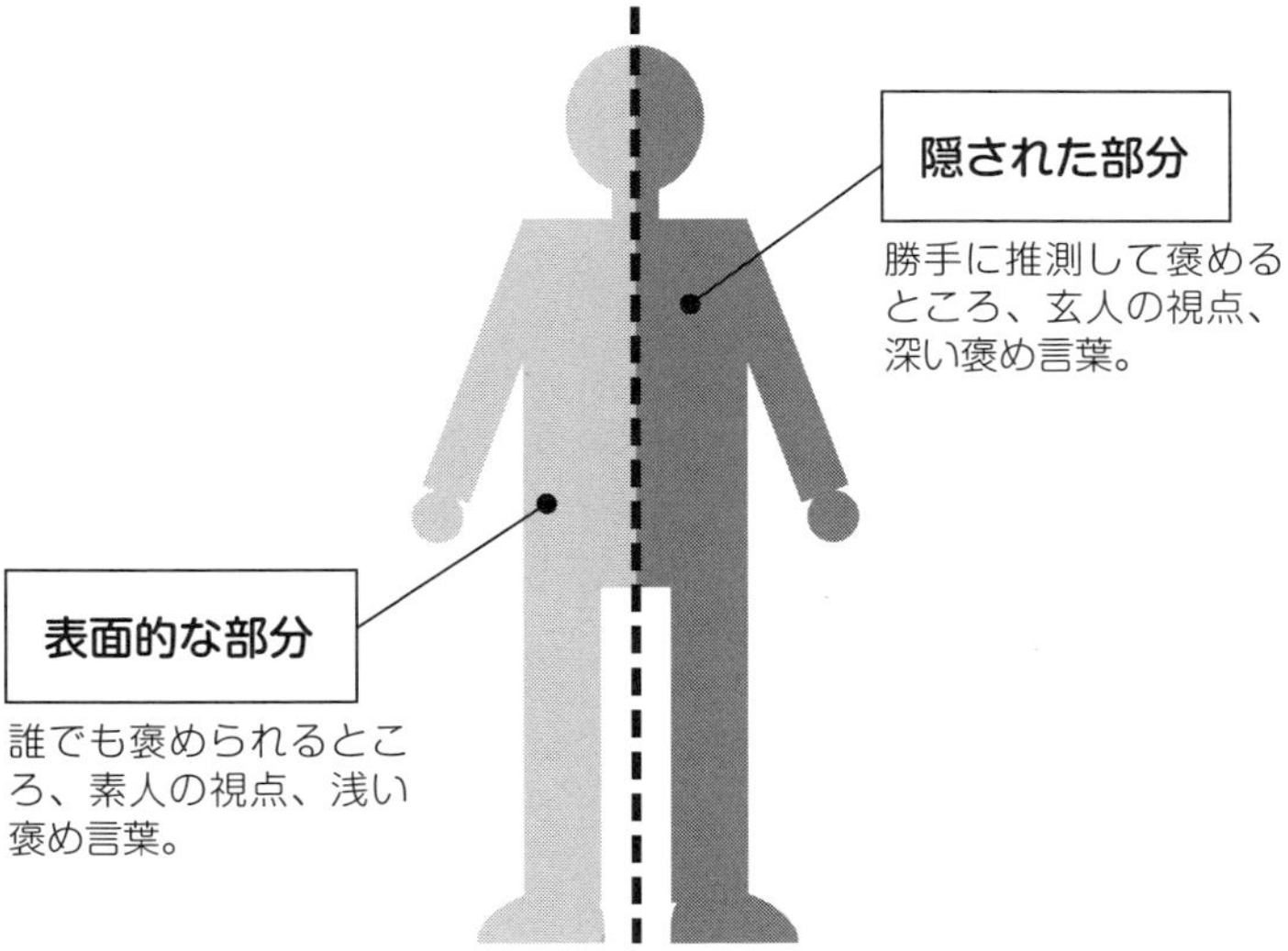

隠された部分
勝手に推測して褒めるところ、玄人の視点、深い褒め言葉。
表面的な部分
誰でも褒められるところ、素人の視点、浅い褒め言葉。

Advice 欠点も見方を変えれば魅力になる

褒めるという行為は、目に映った良い部分だけではなく、「こんな面白い癖があるのか」とか「けっこう優しいじゃないか」といった、相手も意識していない隠れた魅力に、こちらが気づいて、指摘してあげる行為だ。

趣味で鍛えた自分なりの見方をうまくビジネスに当てはめることができれば、失敗や欠点といった、本来、褒められないポイントも、魅力的な解釈ができるようになる。

Study 13

連想ゲームの要領で褒める語彙を増やす

一貫していない褒め言葉には発展性がない

テーマを変えるのではなく掘り下げていく

「目がきれいだよね、鼻もきれいだよね、口もきれいだよね」と、次から次へと褒め言葉を並べる人がいる。褒めることを見つけられるのはある種の能力なので、これはこれで素晴らしいことだ。

しかし、「これでもか、これでもか」とあちこちを褒めている姿は、ちょっと浅薄な印象を与える。

これが、オフィスでの出来事だったらどうだろう。たとえば上司から、連続して褒め言葉を聞かされたとしたら、「もしや転勤? それともリストラ?」と勘ぐってしまいかねない。

次々と話題を変えていては、内容が枯渇するのも早い。どうせ褒めるのならばテーマを決めて、とことんまで掘り下げればいい。**たとえばAという話題をテーマに選んだのなら、Bに行くのではなくA—**

1、A—2、A—3と掘り下げていく。

褒め言葉は小刻みに出し惜しみ

褒めるということは連想ゲームだ。たとえば、「顔立ち」を褒める場合、顔立ち全体をあちこちから褒めるのではなく、なるべく一点に絞り込むようにする。目を褒めようと決めたのなら、そこから話題を変えずに、目の色、まつ毛、目の形と、どんどん細部を褒めていくのだ。

「目が素敵だよね」と言ってしまうと、もう目では褒めるところがなくなってしまう。同じところを少しずつ褒めていけば、目だけでもさまざまな角度から褒められる。

人を褒める時は、テーマを変えずに、小刻みに。これが、褒める話題を枯渇させないための「出し惜しみのテクニック」だ。

褒めるテーマをころころ変えない

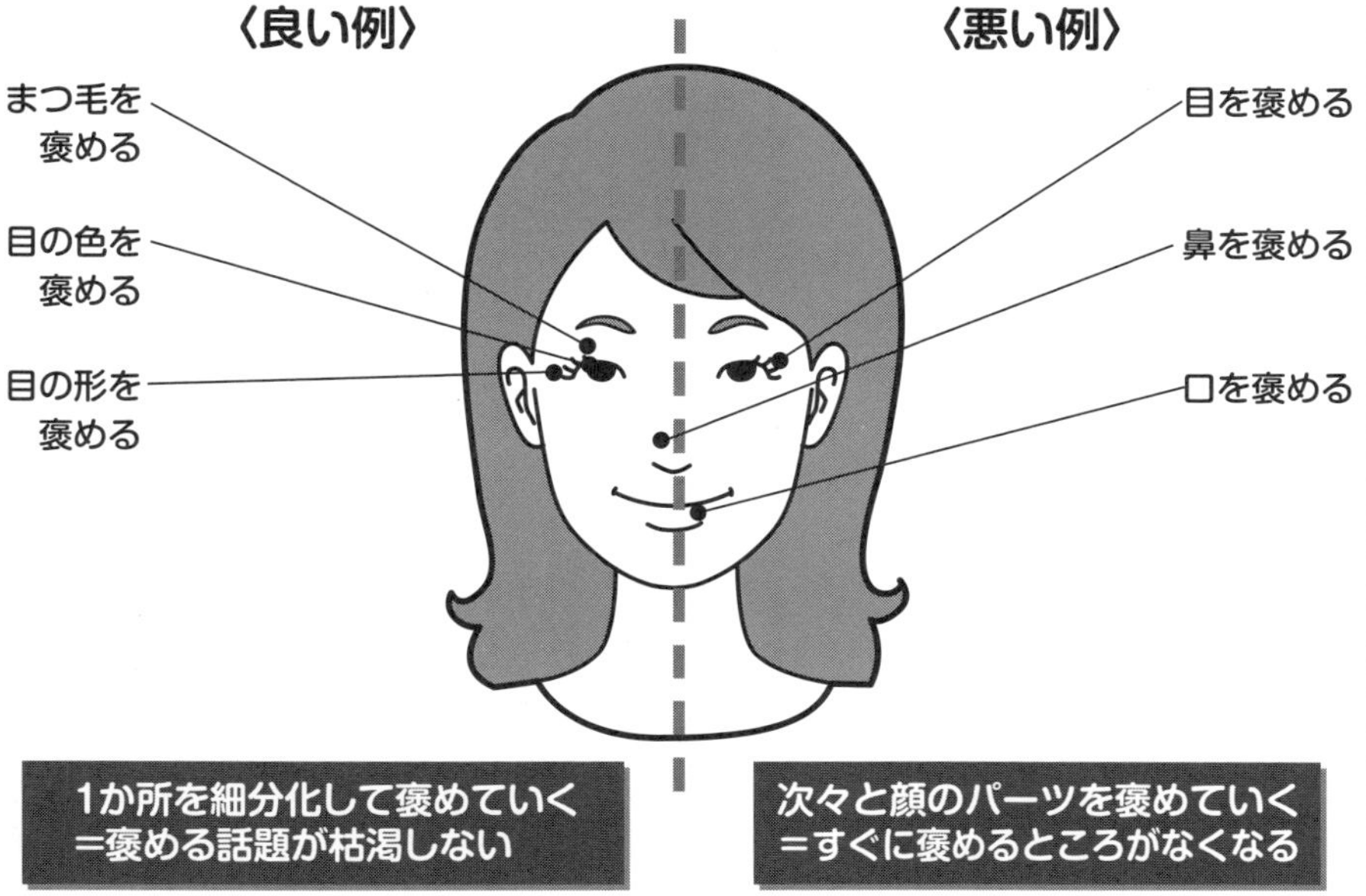
〈良い例〉
〈悪い例〉
まつ毛を褒める
目の色を褒める
目の形を褒める
目を褒める
鼻を褒める
口を褒める
1か所を細分化して褒めていく
=褒める話題が枯渇しない
次々と顔のパーツを褒めていく
=すぐに褒めるところがなくなる

Column

相手が喜ばなくてもくじけずに褒め続けよう

人間の反応は難しいもので、仮に嬉しいと思っても、すぐに好意的な反応を示すとは限りません。たいていの場合は、「えっ、今の何？」といった、驚いたような表情やあきれた表情、場合によってはムッとした反応を示します。そして、このような反応をされると、普通は褒めるのを止めて、違う話題に転じてしまうのです。

これは大変にもったいないことです。褒められた側はムッとしているような素振りを見せても、内心ではもっと褒めてほしいと考えているものです。これは男女を問わず誰でもそうです。

相手が期待通りの反応を示さなくても、そこでくじけないことです。褒めるのを諦めてしまったら、それこそ、最初に褒めたことが嘘だったと証明したようなものです。

さらに論拠を述べて、もっと説得力が増すように褒め方を工夫しましょう。そうすれば、相手も「この人は本気だ」と思い、心を開いてくれるのです。

Study 14

振られた話題の9割は、相手が自慢したいこと

相手の話し始めに聞き耳を立てろ

褒めるヒントは会話の中にある

褒めてほしいことは、会話の中にちりばめられているものだ。それを見落とさないよう注意したい。

たとえば、得意先の人が「キミはゴルフとかやるの？」と、ゴルフクラブを振るポーズをしながら語り始めたとしよう。それに対し、「いや〜ゴルフには全然、興味ないんですよ。それよりも私はサッカー派でして」などと言ってしまったら最悪だ。

得意先の人は、明らかにゴルフの話をしたがっている。最近ホールインワンをしたのかもしれない。せっかく相手が会話のきっかけと褒めるチャンスを振ってくれたにもかかわらず、この営業マンは、興味がないと言って話題を切り替えてしまった。得意先の人は、もう二度と彼に話題を振らないだろう。では、どのように答えればよかったのだろうか？

Column

早押しクイズの要領で相手の話したいことを察知

早押しクイズに強い人は、正解を知っているだけではありません。問題文の先を読む力がある人です。実際、クイズ番組で出題される小学生の正答率が75％レベルの問題は、回答者のほとんどが答えることができると言います。決め手は先を読む力なのです。

人を褒めるという行為もこれと同じで、話し相手は、褒めてほしいところを話題を振るというかたちで、クイズのように出題してきます。

「あっ、これが問題だな」と気がついたら、すぐに反応をしましょう。とはいえ、まだ答えは言いません。

問題文の先を読み、相手が答えやすいように、話題を返してあげるのです。あくまでも話すのは相手です。話したいと思っていることを引き出す役に徹するのが、相手を気持ちよくさせるコツです。

回答は相手の口から

最善策は、「ゴルフに行かれたのですか。どうでしたか？」と相手に回答を促すことだ。すると、「実は先日ホールインワンしちゃって」などと、喜んで話を続けてくれるはずだ。仮にホールインワンをしたという事前情報を持っていたとしても、「ホールインワンしたらしいですね」などといきなり言ってはいけない。**一番おいしいところは相手の口から話すように促す**。

この例からもわかる通り、話題の端々から、相手が何について話したがっているのか先読みすることが大切だ。そして、相手が話しやすいように質問を使って話題を膨らませる。これが、相手にとっては最高の褒めになるのだ。

「振ってくる話題」＝「自慢したい話題」と心得る

（正しく返答できた人が、会話をつなぐことができる。）

キミはゴルフとかやるの？
お客様
実はさぁ、この間ホールインワンしちゃってね……。
○
△
×
上級者
中級者
NG
ゴルフですか、いいですね。どうです調子は？（ホールインワンをしたことを知っている）
ホールインワンしたらしいですね？　凄いじゃないですか。
全然ですね。それよりサッカーはどうですか？

「ゴルフに行かれたのですか。どうでしたか？」と相手の話を促し、ホールインワンしたことなど、一番おいしいところは相手に言わせるのが上級テクニック。

仮にホールインワンしたという事前情報を持っていたとしても「ホールインワンしたそうですね」などといきなり言わないほうがいい。

せっかく褒めるきっかけを投げてもらったのに、対応できていない。ましてや自分の興味のある話を返すなど、言語道断。

Profile

1970年生まれ。徹底した事前取材で「本人以上にその人のことをよく知っている」と言われるプロインタビュアー・プロ書評家。タレント本、タレント・グッズの収集家としても知られる。著書に『バンドライフ』『hon-nin列伝 セキララなオンナたち』『吉田豪のセメント!!スーパースター列伝』『元アイドル!』『人間コク宝』『男気万字固め』『サブカル・スーパースター鬱伝』など多数。テレビ・ラジオ出演やトークライブでの司会、単行本のプロデュースも手掛けるなど、多方面で活躍。

Chapter 3

プロインタビュアー直伝!

聞き出す技術

吉田 豪(よしだ・ごう)

プロ書評家・インタビュアー

Study 1

どんな人からも話を聞き出すテクニック

最初の会話は共通点探しから始めよう

まずは雑談からスタート

初対面の人と会話をするときには、どんな内容から話し始めるだろうか。天気や景気の話といった、当たり障りのない話題から始めて、本題に入る流れが一般的だ。人によっては、そのような前置きや雑談はいっさい入れずに、いきなり本題から切り込む場合もあるかもしれない。

どちらの方法がベストかは、時と場合によるので断言できないが、やはり初めに雑談があるほうが、緊張した場が和むのは確かだろう。

そして、雑談から始めるなら、趣味や出身地など、**相手との共通点を探るように話すのが王道パターンだ。人は誰でも、自分と似た者に親近感を持つ。**同郷の人と意気投合した経験などは、多くの人にあるのではないだろうか。

Point

自分の情報もできるだけ開示し、出身地、出身校、趣味などに共通点があるかを探っておく。

STEP 1

ビジネス会話などでは、政治や宗教、野球などの話は原則タブーと言われているが、もしそれらが共通の話題になるなら、積極的に使っていくべきだ。まずは相手と打ち解けることを目指そう。

STEP 2

相手もこちらと共通の話題を探している可能性が高い。だから、相手がそれを見つけやすいように、自分のプロフィールには趣味や特技、出身地や出身校、部活やサークル活動など、こちらの情報を事細かに入れておくといいだろう。

Column

突き放された樹木希林インタビュー

ボクが以前、樹木希林さんをインタビューしたときは、もの凄い緊張感が漂う現場でした。彼女はインタビューが嫌いで、めったに受けないんです。写真撮影を嫌がってたからフォローしても「冗談で言ってるんじゃなくて、私は本気で言ってるんだからさ。誰に対してもそうしてるじゃない！」といきなり突き放されて。インタビュアーを質問攻めにして困らせるということも聞いてましたし、すごくハードルが上がっていました。ボクは「取材される本人以上に本人を知っているプロインタビュアー」として紹介されていたので、それを見て希林さんが、「だいぶ調べてあるということなんで今日は楽しみにしております」とか「まだ私の知らない話が出てこないわね」とか凄いプレッシャーのかかることを言うんです。

で、いろいろ話していくうちに、ボク自身もエキストラ出演していた映画「東京タワー～オカンとボクと、時々、オトン～」の話題になって、あの作品に対する共通の思い出や怒りなどもあって、後半はとても意気投合できました。でも、あの洗礼を新人のころに食らっていたら、泣き出していたかもしれませんね（笑）。

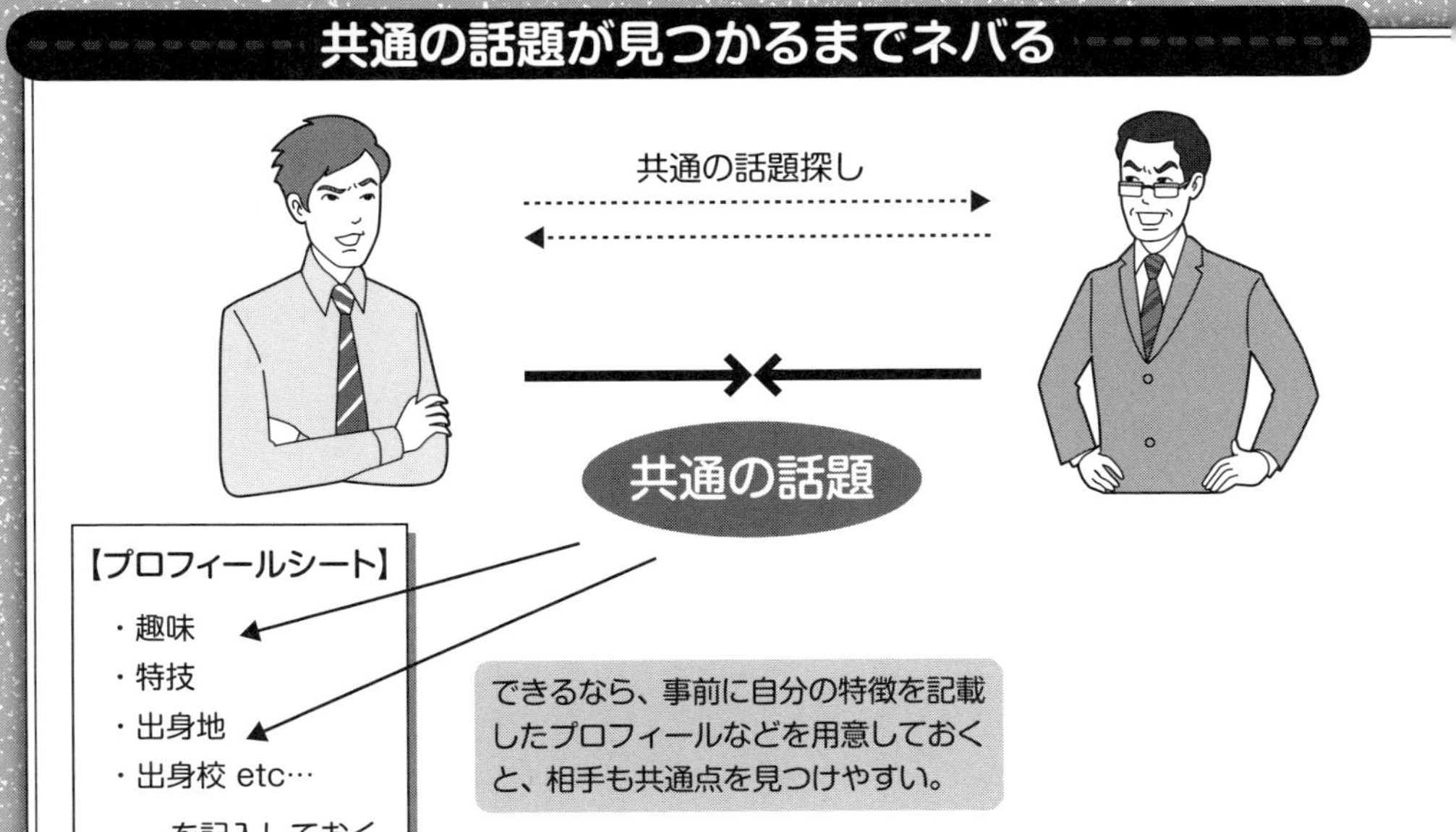
共通の話題が見つかるまでネバル
共通の話題探し
共通の話題
【プロフィールシート】
・趣味
・特技
・出身地
・出身校 etc…
を記入しておく
できるなら、事前に自分の特徴を記載したプロフィールなどを用意しておくと、相手も共通点を見つけやすい。

Study 2

まずは自分の意見を控える
相手の話はトコトンまで聞く

相手の要求をすべて受け入れる

仕事などでアポイントがとれたとき、「今日はこの話をするぞ」と心に決めて会話に臨む場合が多い。人によっては、出だしから最後まで、内容をカッチリ決めてしまう場合もあると聞く。だが、本当に面白い話を聞き出したいと考えるなら、自分の意見は一度伏せておいて、まずは相手の話に耳を傾けよう。

なぜなら、こちらのリクエストを押し付けるだけでは、相手が本当に興味を持っている話題や、今話したい旬の話題を語ることができず、会話が一方通行になってしまうからだ。

そこで、目当ての話題に近づかなくても、まずはトコトンまで、相手の話に付き合うようにしよう。人間には、**自分の要求を受け入れてもらうと、今度は相手の要求に応えようという意思が働く**からだ。

Column

好奇心を持てばタクシーはネタの宝庫だ

ある仕事の帰りに、タクシーに乗車したとき、こちらがマスコミ関係の人間であることをチョロッと話したら、ずいぶんと運ちゃんが喜び始めたので、どんどんインタビューを続けたわけです。すると、その運ちゃんは、元某大手印刷会社の人であることがわかってきました。しかも結構な大手出版社ばかりを相手にした営業マンだったようなのです。それがある一件を境に、業界から身を引くことになったのだとか。

さらに話を聞き出していくと、かの有名な誤植事件「*大正洗脳事件」のメイン担当者であることが判明したのです。これにはボクもビックリです。

やっぱり世の中にはいろんな人がいて、いろんな話があるわけで、これを聞き逃すことは大変にもったいないことなのですね。

＊大正洗脳事件　1989年に扶桑社の発行する週刊誌「週刊SPA！」の２月９日号の記事で大正天皇を大正洗脳と誤植にしてしまった事件。同号は発売中止＆回収となった。

相手の話には付き合ってあげる

Point 無理に会話を止めてはいけない。相手の話を聞いてから意見しよう。

STEP 1 相手の話を聞いてあげる

聞き手が話し手の欲求を真正面から受け入れてあげれば、今度は話し手が聞き手のリクエストに応えてくれる。しかも、気をよくした話し手が、なかなか話しづらい内容であったりしても、スラリと話してくれるようになる可能性すらある。

STEP 2 こちらのリクエストをぶつける

もし相手の本音を聞き出したいと感じているのなら、相手の話したい欲求を十分に受け止めたあと、こちらから聞きたい内容のリクエストを出すようにするとよい。

Study 3

会話の脱線なんてもう怖くない

ショートカットの技術で話題を本論に引き戻す

話のわかるヤツだと思わせる

面白いネタを聞き出すなら、ときには話が脱線することも必要だ。しかし、あまりにも本題とはかけ離れたところにまで会話が暴走してしまった場合は、さすがに本論まで戻す必要があるだろう。

こんなときのために、とっておきの方法を紹介しよう。会話をショートカットしてしまう技術だ。

たとえば、あまりにも会話がとんでもない方向に進んだときは、「あれですよね！」「知っていますよ！」と言ってしまうのだ。

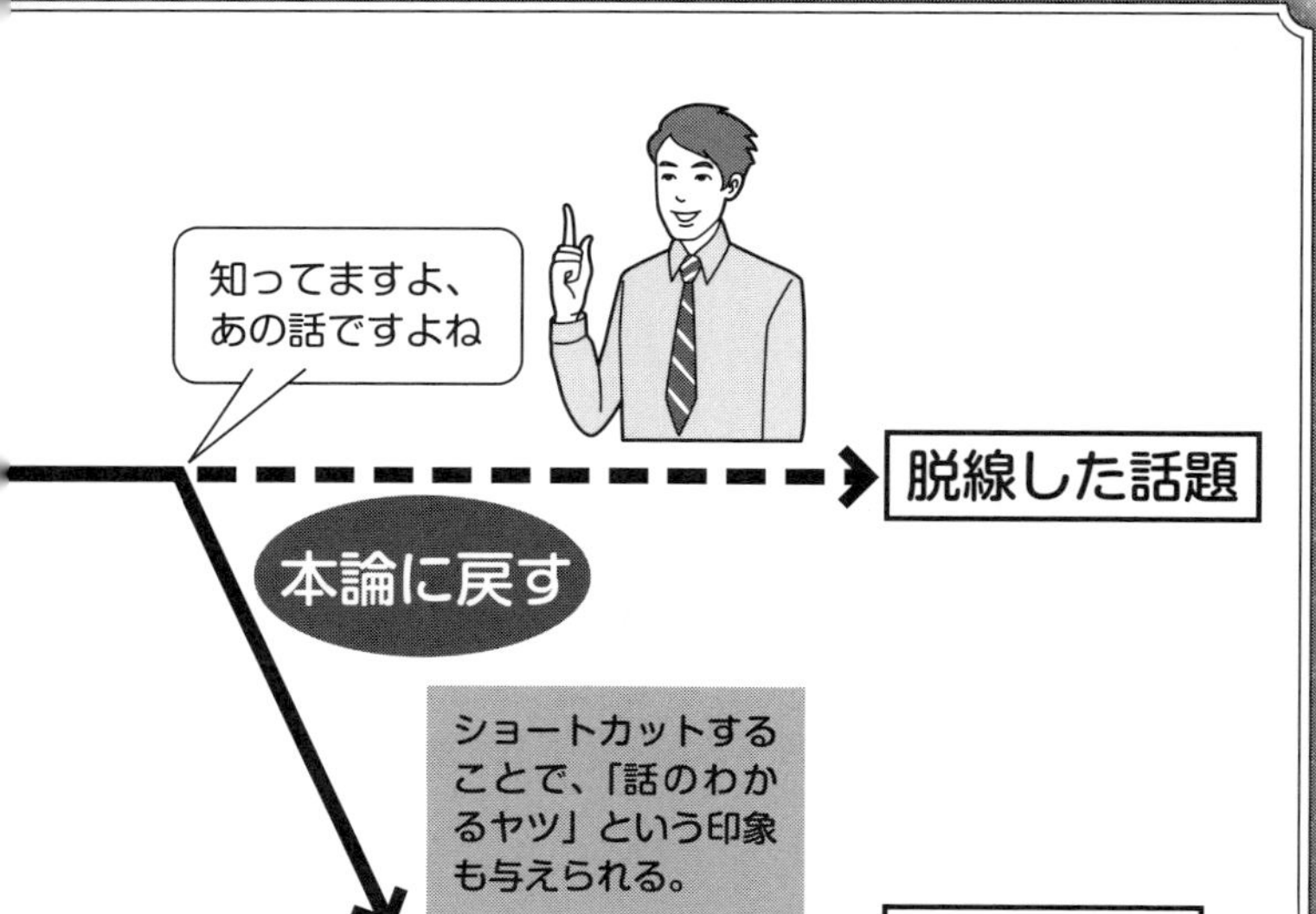

知ってますよ、あの話ですよね
脱線した話題
本論に戻す
ショートカットすることで、「話のわかるヤツ」という印象も与えられる。
本来の話題
わかるね、キミ

特に講演会慣れをしている人の場合は、台本を用意して話してくるケースが多い。そういった方々が用意して語る内容は、たいていは調べればわかる情報なので、今さら聞くまでもないだろう。

そこで**「知っていますよ」といった具合に会話をショートカットしてしまう**のだ。すると「ここまでは理解しているのだな」と相手も納得して、話を本論に戻してくれる。そのうえ「コイツわかるな」というこちらへの信頼感も生まれ、より深い会話に踏み込めるようになる。

会話をショートカットして本論に引き戻す

Point 会話が脱線した場合は、ショートカット技術で本論に引き戻す。

Advice ショートカットの多用は禁物

ただし、ショートカットの技術を使う際には、注意も必要だ。まず、多用をしないこと。会話を中断してしまわないためにも、ひとつのテーマで1回程度が基本だろう。あまり頻繁に活用すると、そもそも「聞く気がない」という悪い印象を与えかねない。

それと同時に、退屈そうな雰囲気を出してもいけない。たとえば、同じ「知っていますよ」という言葉であっても、語尾上がりに発声するなら興奮と共感を示せるが、逆に語尾下がりだと、〝その話はもう勘弁〟といった印象になってしまうだろう。

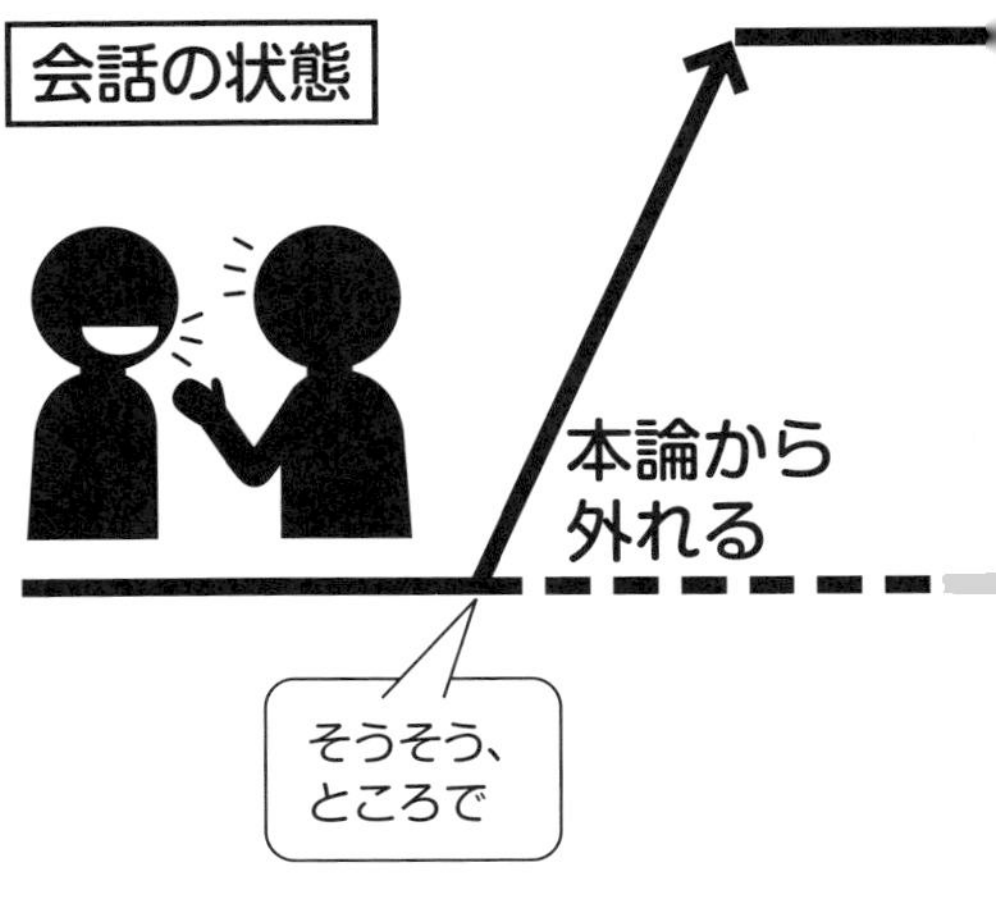
会話の状態
本論から
外れる
そうそう、
ところで

Study 4

人を見た目で判断してはダメ「怖い人」と仲よくなるには

実は、人気者には近づき難い

目の前に「人気者」と、今にも怒り出しそうな「怖い人」のふたりがいた場合、あなたはどちらの人と仲よくなりたいだろうか？　たいていの人は、「人気者」とお近づきになりたいと考えるだろう。

しかし、実は「怖い人」のイメージがある人ほど、近づきやすいことが多い。なぜなら、そういった方々は、**普段から人に好かれることに慣れていないからだ。**それゆえ「あなたの大ファンです」と言われると、案外、簡単に心を開いてくれる。

逆に「人気者」と言われる人たちは、「怖い人」よりも、はるかに近づき難い人たちだ。「人気者」は普段から周囲にチヤホヤされているため、「好きです」という言葉に慣れすぎている。そのため、心に壁をつくっている場合が多い。

Column

強面の石原慎太郎は照れ屋だった

ボクはいつでも、取材に行くときでも、金髪にピアス、ラフなスタイルで出かけるのですが、石原慎太郎さんをインタビューしたときは、「なんだお前、出てけ！」くらいのことを言われるかと覚悟していました。しかし、強面イメージとは裏腹に、むしろ温厚で、照れ屋なんですね。それを見て、かつて石原さんのお母さんが子育て本を出していたので、それをネタに使うことにしました。その中に、10代の石原さんが夢精をするシーンが書いてあるのです。

ボクがその話題を持ち出したら、石原さんは、「あのな、夢精ってのはな……みんな知らないからな、うん」と急に照れ出して、「で、俺の親父がヨットを買ってくれたときな……」と、話題をヨットにすり替えて。この照れ方が、強面イメージとギャップがあって、またカワイイんですね。

怖い人のほうが、仲よくなれる

Point 自分が怖い人の唯一のファンになる。

Advice 相手の第一印象やうわさに左右されることなく、むしろ「怖い人」に近づく努力をしてみよう。あなたの人脈を広げるチャンスになるはずだ。

	怖い人	人気者
これまでの人間関係	人から好かれた経験が少ない	人から好かれてばかり
印象	今以下に落ちることはない	実際に会うと幻滅することが多い
あなたへの対応	唯一のファン	数いるファンのうちのひとり
↓	↓	↓
ふたりの発展性	仲よくなるのは簡単	仲よくなるのが難しい

Study 5

楽しいときは本気で「がはは」と笑う
あなたのリアクションが面白ネタを引き出す

相手の話にどん引きしない

話を聞いているときは、相手の悪乗りに対し、驚きすぎたり、どん引きしたりしてはいけない。

確かに、何のリアクションもないよりはマシだが、もし相手から本当に面白い話を聞き出したいと考えているなら、**どんなに自分の常識から外れた内容であっても、その先を聞き出す努力を怠ってはならない。**

たとえば、アイドルが過去にヤンチャなことをした思い出話を語り出したとしよう。こんなときに、内心は「うわっ」と思っても、顔にまで驚愕《きょうがく》の色を出してはいけない。もしこちらが引いてしまったりしたら、相手は、それ以上、話を続けないだろう。

相手は、聞き手の反応から、「どこまで話してよいのだろうか」と、話す内容のレベルを探っている。

Point
相手がもっと話したくなるようなリアクションを心がけよう。

Advice やりすぎのネタはギャグにして笑い飛ばす

もし、相手がこちらの常識を上回る話を始めたときは、「ヒドすぎますよ〜」や「大丈夫です。もう時効ですから」などと言ってギャグにして、「がはは」と笑い飛ばしてしまえばよい。

すると相手は、「ここまでは話してセーフなのか」と錯覚を起こしてどんどん暴走していってくれる。

つまり、相手にトコトンまで語ってもらいたいと考えるなら、聞き手の常識で話を聞いてはいけない。相手の常識に合わせて、会話をリードしてあげよう。そうすることで、相手はあなたとの会話を楽しんでくれるため、人にはなかなか話せなかったことまで、語ってくれるようになるのだ。

Column

メモを見ないで目を見るのがプロのインタビュアー

ボクはメモを見ないでインタビューをしますが、これが案外、いい話が聞き出せる秘訣だったりします。もちろん以前は、しっかりとしたメモを持参していたこともあったのですが、最近はめっきりです。

持参しなくなったきっかけも結構くだらないもので、実は使いすぎでプリンターが壊れてしまい、メモをプリントアウトできなくなってしまっただけです。

それでも最初はパソコンを持参して、画面を相手に見てもらいながら、「本日はこういう質問を」みたいな無理やりなこともしたのですが、さすがに相手も迷惑そうで、「あ、これはマズイな」となりました。

それからはもう、パソコンはもちろんメモを持参することも止めて、記憶に頼るようにしています。

そうして気づいたのですが、メモをチラチラ見るよりも、相手の目を見ながら、うなずいたり相槌を打ったりしたほうが、断然、よいインタビューになるのです。そこで今では、メモはどちらかというと、インタビュー前の記憶の整理に使っています。

ヤバイ話はギャグにする

	こちらの反応		相手の反応
相手の怖い自慢話を聞いたとき	うわ…ヤバ　引いてしまったら	→	「これはアウトか…」話題を変えてしまう
	大丈夫です、時効です。がはは　笑って受け流す	→	「話についてきてるな」話題はエスカレート

相手の怖い自慢話などで、こちらが引いてしまうと、相手はそれ以上を語ってくれなくなる可能性が高い。

Study 6

使えるものは何でも使う
手土産で「あなたのファン」を演出する

効果的な手土産は相手の心に響く

ビジネスに限らず、相手に貴重な時間を割いてもらう場合、礼儀として手土産を持参するのが一般的。マナー本の初級編にも記載しているような小技だ。

しかし、ただ手土産を持参するだけでは、あまりにも芸がないし、これでは相手から本音は引き出せない。そこで、この手土産を贈る効果を倍増できるテクニックを紹介しよう。

それは、**相手が興味・関心を持っている事柄をキーワードにして、関連する**物品を持参する方法だ。

たとえば、相手がワイン好きならワインに関連するものを持参しよう。ワインそのものに限らず、ワインに関する書籍やコルク抜きでも構わない。上級者ともなれば、手土産の他に相手の著作やグッズを持参する人もいる。

業界情報は喜ばれる

関連性のあるものを持参するのは理解できるが、「相手の著作やグッズを持参しても……」と思う人もいるだろう。しかしこのテクニックの本質は、あなたのファンなのです、ということをアピールするところにある。そのためにこれらを利用するのだ。

特に経営者や著名人などは、著作はもちろん自分をキャラクターにしたグッズがある場合も多いので、こまめにチェックしておくとよいだろう。

また、広告代理店の営業マンなどがよく使う手法で、業界ニュースを持参する方法もある。人は、意外と自社をとりまく業界ニュースは見ていないもので、競合他社や新製品の情報、市場調査レポートなどは、興味があってもクリッピングまでする時間がない。これらを持参すれば、大変に喜ばれるのだ。

相手が喜びそうな手土産を選ぶ

Point 相手が興味・関心を持っているモノを選ぶこと。

ただのお土産は持参しない。相手の趣味や嗜好に合わせて、お土産を選ぶとよい。

Advice セールスマン相手にトレーニング

聞き上手、話し上手になるには、どんなに面倒くさい相手であっても、とりあえず話し込んでみる、という姿勢が大切だ。その効果的なトレーニング方法のひとつが、話しづらい相手にどんどん絡んでいく方法だ。

たとえば、会社の社長でトレーニングをする。毎日のように飲みに連れて行ってもらい、とにかく根掘り葉掘り聞き出すのである。

そして、会社にやって来るキャッチセールス的な怪しい物売りの人たち相手のトレーニング。

こういった人たちは、普通はインターホン越しでお断りするが、とりあえず事務所に入れてあげて、夏場だと、「まぁ麦茶でも飲んでいってくださいよ」ともてなし、愚痴を聞いてあげる。

すると、こうした境遇にある人からは、愚痴が次から次へと出てきて面白い。

話を聞くのが面倒くさい、こういったタイプの人々の中に、案外、みんなが聞きたいネタが眠っている。

Study 7

資料は一夜漬けでいっきに読み込む

資料を活かすも殺すも読み方しだい

Advice 複数の資料をまとめ読みするメリット

一見すると同じような内容が書かれている資料であっても、よく目を通してみると、ディテールで異なっている場合がある。

たとえば、作家に関する資料の場合、稀に著者のデビュー作が違っていたり、出身地や経歴が違っていたりすることがある。

こういった違いを尋ねることで、「よく聞いてくれた」「確かにそうは書いたけど、実はいろいろわけがあってさ」と、今まで誰も触れてこなかったような、本音に迫るチャンスが生まれる。

もちろん、この例は有名人だけに限らない。

話したい相手のブログやフェイスブック、ミクシィやツイッターなどでも、プロフィール部分だけをまとめて読んでみると、意外に違ったことが書かれていたりする。なぜブログには書かれているのに、フェイスブックには書かれていないのか、などといった情報の有無にも気がつくだろう。

相手に関する複数の資料がある場合は、短期間にまとめて読み込んでみることをおすすめする。立体感のある情報が手に入るはずだ。

一夜漬けで得た情報をなめてはいけない

1. 取材対象の全著作や新聞記事、インターネットで拾える情報など、とにかく取材対象者にかかわる全情報を頭に叩き込む。

▼

2. 大事な部分は漢字ドリルの書き取りのように書き出して、徹底的にインプット。

▼

3. 前日に覚えたことがまだ温かいうちに取材対象に会う。

▼

4. 前日読んだばかりなので、熱狂的なファン以上に、記憶が確か。好感を抱いてもらえる。

複数の資料は同時に読み込むとよい

Point 複数の資料を同時に読むと、わずかな違いに気づきやすい。

なかなかアポイントがとれない有名人や、役職が高い人は、往々にして関連する情報や資料が多い。
実はこういった膨大な情報や資料は、一度に短期間で読み込むことで、より立体感のあるものに生まれ変わるのだ。

資料A
資料B
資料C
資料D
複数の資料を同時に、短期間で読むこと。表現や内容の違い、時系列での変化などに気がつきやすい。
複数回に分けて、別々に読むと「どの部分のどこが違うのか」「どこに書いてあったのか」に気がつきにくい。

Study 8

面白い会話は馴れ合いからは生まれない
初対面に全力を注ぎ込もう

「次もまた会える」という甘えを捨てる

「コミュニケーションは慣れだ」や「会話の質はどれだけ回数を重ねたかが勝負」という意見がある。しかし、相手から本当に面白い話を聞くためには、初対面のときにこそ注力をしなければならない。

確かに、会う回数が多いほど相手との心理的距離は近づくもので、これは「単純接触の効果」として知られている。したがって営業や販売などビジネスの場面では、「とにかく通え」とよく言われる。

だが、顔見知りになるのと、面白い話を聞くのとでは、まったく別の問題だ。面白い話を聞きたいのなら、初対面にこだわったほうがよいだろう。

たとえば番記者という職業がある。取材相手との心理的な距離感を詰めるために、何度も足を運んで相手に近づいていく記者たちを指す。

その取材姿勢を否定するわけではないが、誰でも経験があるように、人は親しくなればなるほど会話はマンネリ化する。「この人はこういう性格」というステレオタイプの考えに支配されるからだ。

だからこそ**初対面の一発目の会話で、どこまで踏み込めるかに、こだわるべき**なのだ。

「次もまた会える」という甘えを捨てる、これだけでも意気込みが変わってくるだろう。余計な先入観がないので、その人の一挙手一投足に興味が持てるはずだ。また、事前に綿密な下調べをするようになり、何を持参すれば喜ぶかを真剣に考えるようにもなる。相手も初めての人との会話を楽しんでくれるだろう。

面白い話を聞き出そうと考えているのなら、初対面の一発目の会話で、どれだけ踏み込めるかに注力すべきなのだ。

会話は初対面の一発目が重要だ

Point 初対面の会話でどこまで踏み込めるかがカギ。

会った回数	お互いの意識	会話の内容
初めて	どんな人だろう、興味津々	盛り上がる
2回目	先日、聞き漏らしたことを確認	やや盛り上がる
3回目以降	この人はこんな人だ	ワンパターン化してくる

会う度に会話はワンパターン化し、聞き出せる内容もつまらなくなっていく

Advice プロフィールは貴重な情報の宝庫

相手のプロフィールに、「自己の性格分析」（そそっかしい、ねばり強いなど）のようなものが掲載されていれば、他の要素はさておき、これは完全にインプットしておいたほうがいい。これを会話に使うのだ。

たとえば相手の性格分析に、〝自分は優柔不断〟と書かれてあれば、相手が会話で行き詰まったときに、「○○さん、優柔不断ですからね～」と言ってしまうのだ。すると相手も、「わかってますね、実はそうなんですよ！」と、喜んで返してくれる。

また、相手が過去のエピソードを語っているときに、「それって小学校のときに校庭で突き指した話ですか？」などと被せれば、相手も「そんなことまで知っているんだ」と驚いてくれる。

こうやって、相手が話しているときに、メモに頼ることなく、暗記しておいたネタやプロフィールに書かれているたった２～３行のエピソードを語るだけで、かなりの信頼を得ることができるのだ。

Study 9

その人の話題でミニコミ誌をつくるつもりで
どんな相手だって面白がれるポイントはある

苦手意識は相手を好きになるチャンス

こんなことを言うと驚くかもしれないが、苦手な人であるほど、好きになれる可能性が高い。

確かに、人間誰しも生理的に合わないという人がいるのも事実。しかし、苦手意識は、裏を返せばその人に興味・関心がある証拠に他ならない。

では、具体的にはどうやって苦手を克服すればよいのだろうか。

その方法のひとつに、苦手な人を題材に一冊のミニコミ誌をつくる、というテクニックがある。

たとえば「今日の○○さん」や「○○観察日記」といった特集を組んでみてもいいだろう。その人の生い立ち、職業観、趣味や嗜好、口癖に性癖など、あらゆるものに着目するといい。

すると、これまで軽蔑の対象だった部分でも、視

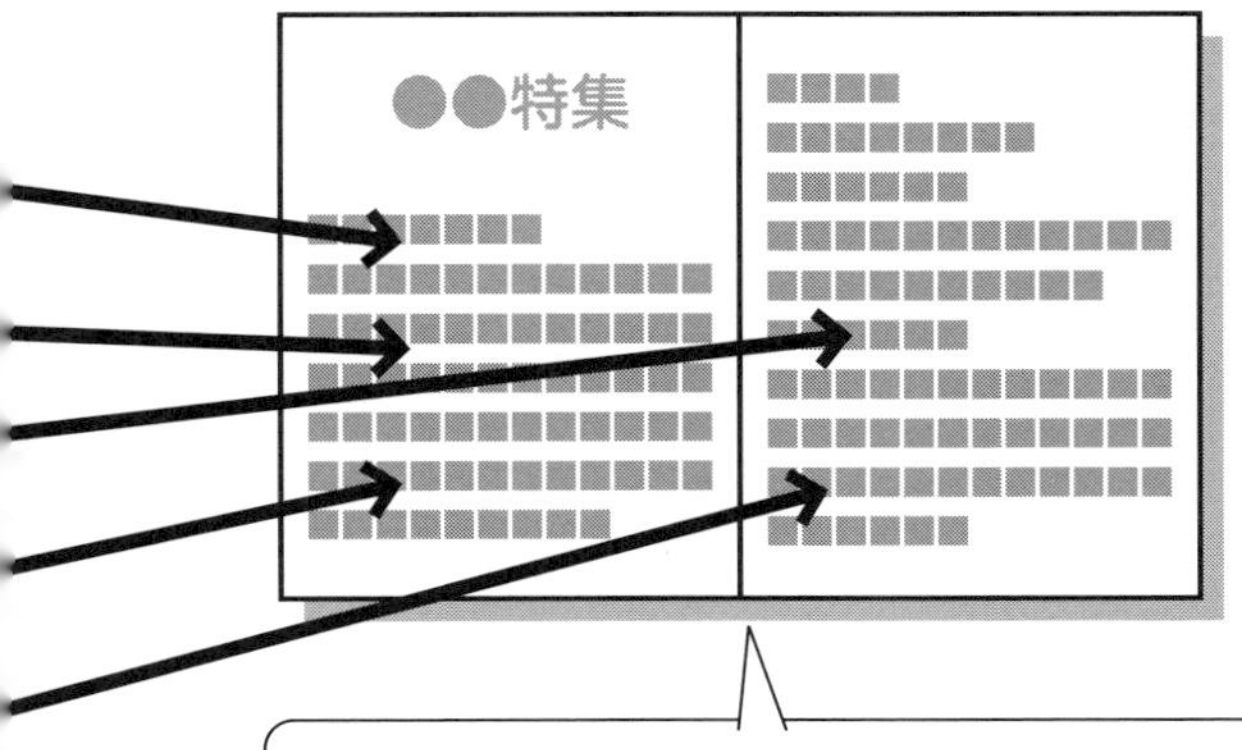

一冊の特集をつくる感覚で、ネタを拾っていこう。

点を変えれば、興味の対象へと変わる可能性が高い。

そうやって**ミニコミ誌をつくるつもりでネタを収集し、人前でプレゼンできるレベルにまで仕上げられれば、必ず苦手意識は克服できる。**

Column

大っ嫌いな社長のおかげで今のボクがある

ボクのサラリーマン時代の話です。勤め先の社長が、ボクが凄く苦手なタイプで苦労しました。

この社長は適当なホラばかり吹く人で、「ゴジラを命名したのは俺だ」とか、「マリリン・モンローがこの前、夢枕に立ってね」といったことを、平気で社員の前で言っていて、毎日が憂鬱《ゆううつ》でした。

でも、ある日、反省したのです。こういう人に興味を持って、掘り下げるのがボクの仕事なんだって。

それからというもの、誰にでも面白がれるポイントが絶対あるだろうからと、社長に密着取材をするようにしました。そして、聞き出した情報を仲間内に見せるぐらいの勢いで収集していくうちに、ある日、突然好きになってしまったんですね。これは、今のボクの仕事の在り方につながっています。

その人のミニコミ誌をつくるつもりで接する

Point とにかく面白がれるポイントを探す。

趣味は？
話し方は？
ランチは何を？
オフの日は？
性癖は？

Advice ひとつくらいは好きなところが見つかる

苦手な人がいるならば、それは好きになれるチャンスがまだあると考え、積極的にかかわってみる。すると、「あ、ココ好き」や「なんでこんなことするかなー。でも面白い」と思えるポイントがひとつやふたつは出てくる。

Study 10

押し付けのコミュニケーションはＮＧ

自分のことはなるべく話さない

相手の関心のある話題を提供する

上司や先輩と会話をしているとき、「お前も何か話をしろ」「お前はどう思う？」と、急に話を振られる場面がある。

こんなとき、正直に自分が興味あることや、自分に関する話ばかりをペラペラと話すのはおすすめしない。なぜなら、たいして発展性のない自分中心の話をされても相手は面白くないし、言葉に詰まってしまえば、その場がしらけてしまうからだ。「話を振られる」＝「何か面白い話題を提供してくれというサイン」だということを忘れてはならない。

会話を盛り上げたいなら、**自分の話や興味のある話題を提供するのではなく、相手の趣味や相手が興味のある話題を提供しよう。**相手の趣味・嗜好などは、日頃から観察をしていればたいていは予想がつく。

相手が興味を持っている話題を次から次へと提供し、話を転がし続けるためには、日頃の人間観察が不可欠だ。

盛り上がれる
コレは面白い
盛り上がれない
コレは興味ない

Column

アイドルオタクの失敗コミュニケーション例

ボクはアイドルのインタビューをする機会が多いのでアイドルたちからよく愚痴を聞くのですが、そこで耳にするのは、とにかくアイドルオタクたちはコミュニケーションがうまくないということです。

たとえば、「俺が好きなアーティストの曲を聴いてくれ」とか言ってオリジナルテープを持ってくるなど、全力で「俺」を押し付けてくるのです。

アイドルオタクの人は、「あの子はコレが好きだからコレをあげよう」という発想ではなくて、「俺が好きだからコレをあげよう」という発想で、コミュニケーションを展開してくるわけです。これは完全なコミュニケーションの失敗例ですね。

アイドルたちが「私の好きなもの」といった話題を、電波を使ってさんざん流しているのに、オタクたちは、それにまったく気がついていない。

これはアイドルオタクの人に限った話ではありません。ボクらも、日頃のコミュニケーションでは「俺」を押し付けていることが相当にあるはずです。アイドルからこの愚痴を聞いて、ボクも気をつけようと思う今日この頃です。

相手好みの話題を提供する

Point 自分の趣味を押し付けるコミュニケーションはNG。

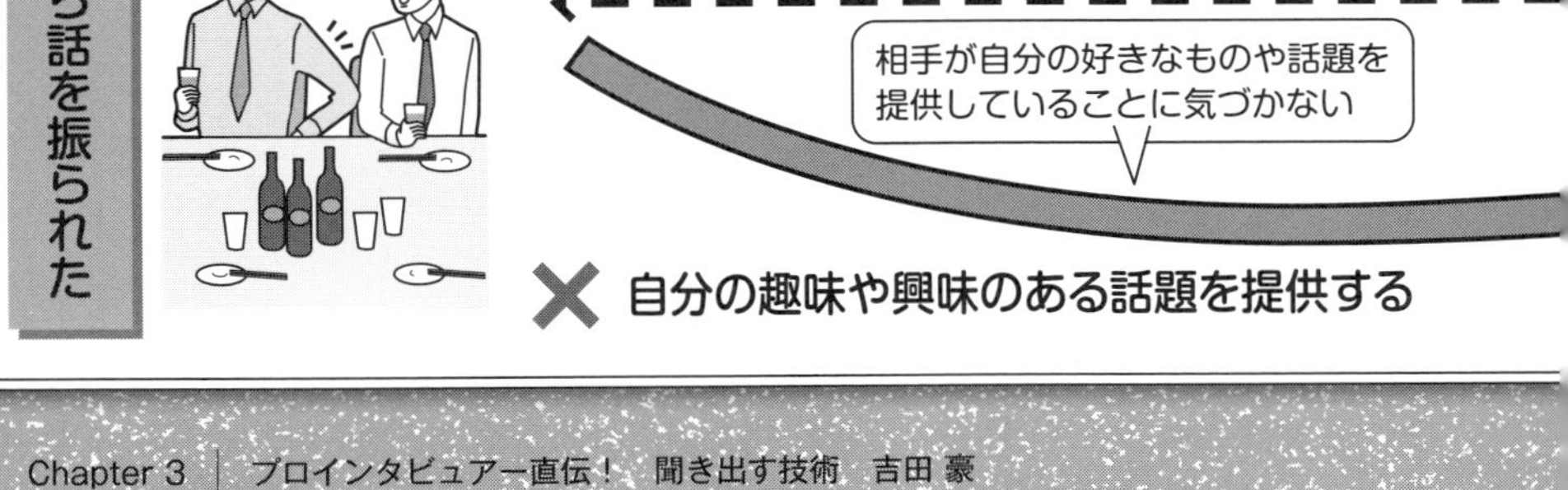

上司や先輩から話を振られた
相手の趣味や興味のある話題を提供する
相手が自分の好きなものや話題を提供していることに気づかない
自分の趣味や興味のある話題を提供する

Study 11

プロの聞き方トレーニング

キャバクラやタクシーで会話トレーニング

興味や価値観の異なる相手と話してみる

ご存知のように昨今のビジネスシーンでは、異文化交流が大切だ、と言われて久しい。

しかし、価値観の異なる人たちと交流をするのは、実は非常に難しい。社会ではどうしても似た者同士で集まってしまう傾向があるからだ。日常生活において、積極的に自分と異なる価値観の人たちとかかわる機会を持つようにするためにはどうすればいいのだろうか。

たとえば、隣の部署やライバルグループの人たちとランチに出かけてみたり、異業種交流会に参加してみたりするなどの方法がある。間違い電話やクレームの電話ですらも、話し手の価値観を知る貴重な機会になるだろう。そう考えると、日常で価値観の異なる人たちと話す機会は結構ある。

キャバ嬢と百人組手！

その他、ビジネスの外にもこういった機会は溢れている。たとえば**キャバクラであえて指名をせず、次から次へと来る相手とどこまで会話ができるかを試す、百人組手感覚のトレーニング**がある。

趣味が買い物やネイル、ブランドばかりの彼女たちと一般のビジネスパーソンとでは、相当に共通項が見つけにくい。それを、こちらから話題を提供し、盛り上げていくのだ。続けていくうちに、嬢でも話題は豊富になる。

また、先にも話したが、タクシーもいい練習になる。おしゃべりな運ちゃんの車に乗車したら、こちらは聞き役に徹して相槌を打ち、ドライバーに話し続けてもらうトレーニングもある。上手に相槌を打たないと、会話は途切れてしまうので、勉強になる。

百人組手の感覚で会話を繰り返す

Point 趣味や嗜好の合わない相手は、絶好のトレーニング・パートナーになる。

日常は多様な人と話すチャンスが溢れている。
とにかく、いろんなタイプの人と話すトレーニングをしよう！

キャバ嬢
タクシーの運ちゃん
社長
セールスマン

Study 12

人間関係は接近しすぎずヒット&アウェイ

信頼されすぎないくらいの関係をつくろう

あとあと面倒なことになるのを避ける

ビジネスの世界に限らず、お世話になった相手には、お礼状やお礼の品を贈ったり、お手伝いをしたりするのが一般的。しかし、これはやりすぎてはいけない。親しくなりすぎると、客観的な振る舞いができなくなってしまうからだ。

そこで、人と会話するときは、**ヒット&アウェイの精神で、信頼されすぎない程度の人間関係づくりを心がけよう**。

人と会話するときは、全力で相手との信頼構築を目指すが、いつまでもその関係を続けてはいけない。良好な関係もその場限りと割りきって、会話が終われば、相手から離れてしまうくらいがよい。

そうすれば、**情に流されることなく、客観的に相手の考えを汲み取ることができるようになる。**

Column

信頼されすぎずに適度な距離感を置く

ボクは、基本的にヒット&アウェイ、つまり、一度相手の懐に飛び込んだら、すぐに離れるようにしています。「長い付き合いはしない」がボクのモットーでもあるのです。

その理由には、ボクが一時期、プロレスや格闘技の取材仕事をやっていたことが挙げられます。

プロレスや格闘技で取材をやっていたときは、本当に面倒くさい人間関係が凄く多くて、苦労しました。たとえば、「何で俺と仲の悪いアイツを取材するんだ！」「どっちの味方なんだよ」などと、頻繁に言われるわけです。

そんなイザコザに巻き込まれない唯一の方法が、派閥に入らないことでした。ボクはこういった仕事を通して、人から信頼されすぎないことを学びました。

ヒット＆アウェイで関係性を変える

Point 客観性を失わないために適度な距離をとる。

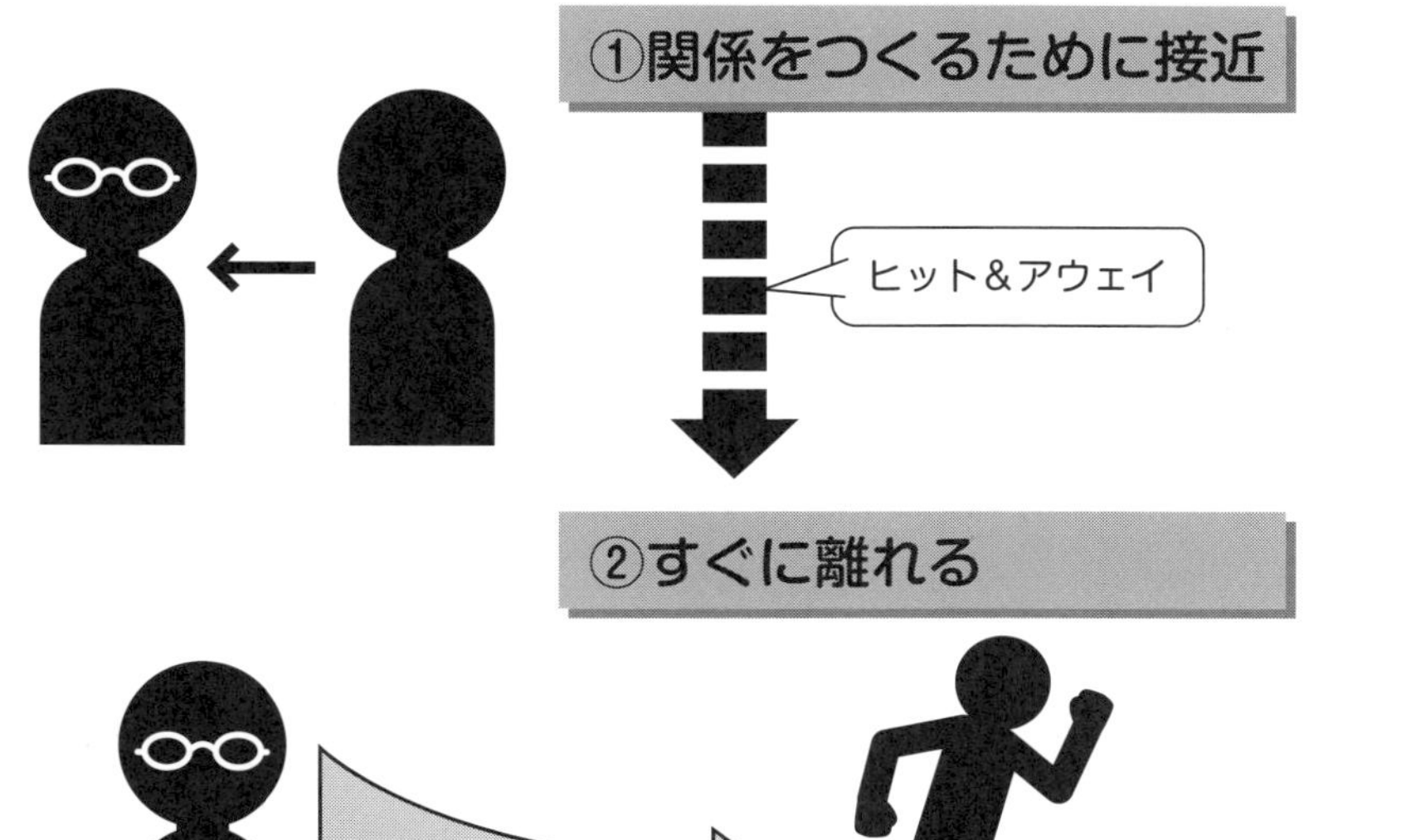
①関係をつくるために接近
ヒット＆アウェイ
②すぐに離れる
会話をするときは近づいて、会話が終われば離れてしまおう。
信頼されすぎ
中立の立場
信頼されすぎている状態では、情が入ってしまい冷静な会話ができなくなってしまう危険性がある。

Advice すぐに離れることが大切

過度な信頼関係になるのは避けて、ヒット＆アウェイの精神で中立的な相互関係を目指そう。

Study 13

決して相手を否定しない

非難や説教は反発を生み出すだけ

反論は胸の奥にしまっておく

とりあえず何でもかんでも相手の考えに反論して、自分の意見を主張する人がいる。討論会などで相手を論破する場合は、こういったネガティブスタイルの会話もありだろう。

たとえば職場で、会社の判断や上職者の命令に合点がいかず、それを理由にいちいち背いていたら、「我が強い人」「わがままなヤツ」といったレッテルを貼られてしまいかねない。自分の意見が認められたとしても、仲間はいなくなってしまうだろう。

そうならないために、仮に「それは間違っていますよ」と感じても、**反論は胸の奥にしまっておいて、「そうなんですね」とまずは肯定し、その発言の真意や理由を質問する**ようにしよう。

Column

敬語に挨拶、言葉づかいは聞き手の基本

ボクの取材のテープ起こしをしている人から聞いた話ですが、他の人がアイドルにインタビューしたテープ起こしを頼まれ、大変ショックを受けたそうです。というのも、インタビュアーの言葉づかいが、とにかく酷かったからです。

その点、ボクは自慢ではありませんが、敬語や挨拶などの言葉づかいには、とても気を配ります。

これはテレビ業界でよく耳にする話で、呼び捨てで適当にあしらっていたADがどんどん出世して、接し方がわからなくなってしまった、というものがあります。今さら「さん付け」にすることほど、格好が悪いことはありませんよね。

誰がどうなるのかが、わからないのが世の中です。だったら初めから、礼儀正しく接するべきでしょう。

否定はせずに肯定で会話を進める

Point 否定からは会話が続かない。

	こちらの反応	相手の反応
相手の話に納得がいかないとき	「それは変ですよ」と否定してしまったら……	→ **「何様だよ、コイツ」** 無用な反発を招いてしまう
	「そうなんですか！ どうしてどうして?」と肯定して話題を広げると……	→ **「コイツ、いいヤツだな」** 話題はどんどん広がっていく

仮に相手の話に納得がいかなくても、肯定していくと話は広がるうえに、相手にもよい印象を与えられる

肯定するときは具体的に

相手の発言や、相手自身を肯定するときは、具体的に指摘する癖をつけるとよい。「●●の部分に共感できます」や「○○さんのココが好きです」「○○さんのしぐさが好きです」など、相手を否定する気持ちを一度捨て、次にピンポイントで肯定しながら、会話を進めていこう。

○○さんのココが好きです
●●の部分に共感できます

無理して合わせているのではなく、個人的に興味がある、という雰囲気が醸成される。しかも具体的に肯定すれば、それだけ信ぴょう性も出てくる。

Study 14

あなたの本音が人を動かす

あえて空気を読まない技術

偽りの言葉は相手に届かない

周囲の雰囲気に話を合わせたり、一緒に盛り上がったりしなければならないことがある。俗に「空気を読む」という行為だ。

この「空気を読む」ことが美徳のようにいわれて久しいが、もし本音で人と接したいのなら、あえて空気を読まないという方法もある。

たとえば、誰かがトラブルを起こして落ち込んでいるときに、周囲の人は巻き込まれたくないがため、「絶対大丈夫だから頑張って」と、根拠のない励ましをしている場面を想像してほしい。

「空気を読む」ことは、自分の本心を偽っていることに他ならない。本当の意味では、落ち込んでいる人を励ましていることにはならないのだ。

Column

緊張感はそのまま誌面に出す

ピリピリしたインタビューを、何事もなかったかのように書いてしまうのは、ボクの流儀に反します。確かに、怒っている発言に（笑）を付けて柔らかくしたり、素っ気ない態度を地の文に隠してしまったりするのは、高等な技術だと思います。しかし、インタビュー記事では、その状態をありのまま提示すべきだ、とボクは思うのです。なぜなら臨場感を出したほうが、絶対に面白いからです。

以前、沢尻エリカさんのインタビュー原稿を書いたときも、何を聞いても沈黙が続くシビアな状態が、ちょっとずつ洗いざらい話してくれるような状況に変化していく様子を隠さず掲載しました。おかげで、読者の皆さんからも大きな反響をいただきました。

緊張感のあるものは、より緊張感があるように書く。これが、面白いインタビュー原稿を書くルールです。

あえて空気を読まずに本音で会話する

「空気を読む」とは、自分の本心にウソをつくこと。それでは相手に届かない

心に響く
本音の言葉は届く
ヘンに
とりつくろってる
な……
空気を読んだ言葉は届かない

空気を読まない＝一線を越える＝ウソをつかない

Advice 気まずさも貴重な経験に

あえて空気を読まず懐に踏み込むことが、相手のためにもなるということを、覚えておこう。

たとえば、仮に相手が落ち込んでいたなら、ヘタに励ますよりは「今は大変だろうけど、のちのち絶対にネタになるからラッキーだね」とか、「貴重な体験じゃないか、羨ましい」などと、逆に面白がってあげればよい。

あなたのひと言で、落ち込んでいる人は、周囲の空気を読んだ心にもない言葉をもらうよりも、はるかに勇気づけられるだろう。

人と接するときには、あえて空気を読まないことが、相手の心に響くテクニックになることもある。

Profile

兵庫県の信用金庫で働きながら、茶道、華道、着つけなどのお稽古ごとに通う。27歳でエレガント・マナースクールを設立。「形なくして心は伝わらない」という信念のもと、出会った人に楽しく、気持ちよく、笑顔になってもらう「接遇」を広める。病院、銀行、自動車販売店、美容院、洋菓子店などで数多くの接客研修を担当。現在では年間300件以上の研修をこなす。著書に『平林都の接遇道』『平林都の接遇道２〈極意編〉』（ともに大和書房）、『接遇道　凛と際立つ女性となれ』（三笠書房）がある。

Chapter 4

人を喜ばせる接遇道

平林 都（ひらばやし・みやこ）
エレガント・マナースクール学院長

Study 1

人に好感を与えたいのなら 動作、言葉、表情の3つを意識する

コミュニケーションに必要な3要素

接客に定評のある職種に、客室乗務員や銀行の窓口、百貨店スタッフを挙げる人がいます。しかし、これらの職種をただ真似るのは、おすすめできません。

確かにこれらの職種出身のマナー研修講師は多数います。ですが、これらの職種の**作法をそのままコピーするだけでは、決して人に好感を与えることはできません**。なぜならこれらの職種には、本来コミュニケーションに必要な3つの資質が欠けているからです。

ひとつは「キビキビした動作」です。ノロノロした緩慢な動作は、誰が見ても疎ましく感じます。

ふたつ目が「魅力的な言葉づかい」。敬語がつかえるのは当たり前です。むしろお客様に敬語は不要、相手を喜ばせる気が利いた言葉をつかうことです。

3つ目が「好感の持てる表情」。どんなにキビキビと動けて魅力的な言葉づかいができる人でも、笑顔がなければ、それだけで幻滅されてしまいます。

Column

客室乗務員の口調が気になる

出張で飛行機をつかった際　シートベルトを緩めていた私に、客室乗務員が「シートベルトを締めてください、座っていてください」と笑顔のまま、命令口調で流れ作業のように伝え、通り過ぎます。

確かに客室乗務員は笑顔のつくり方は上手だと思いますが、こういった命令的な口調は気になります。花形業界だったときにはよかったのでしょうが……。

今の航空業界はどうでしょう？　ご存知のように再編と淘汰が進んでいる厳しい業界ですよね。

接客指導に当たっている私に言わせると、「客室乗務員たちのこうした不遜な態度が、業界の低迷を招いているんじゃないか」と思うくらいです。

コミュニケーションに必要な動作、言葉、表情

Point キビキビして、気が利くひと言が言えて、ニコニコした対応ができる。

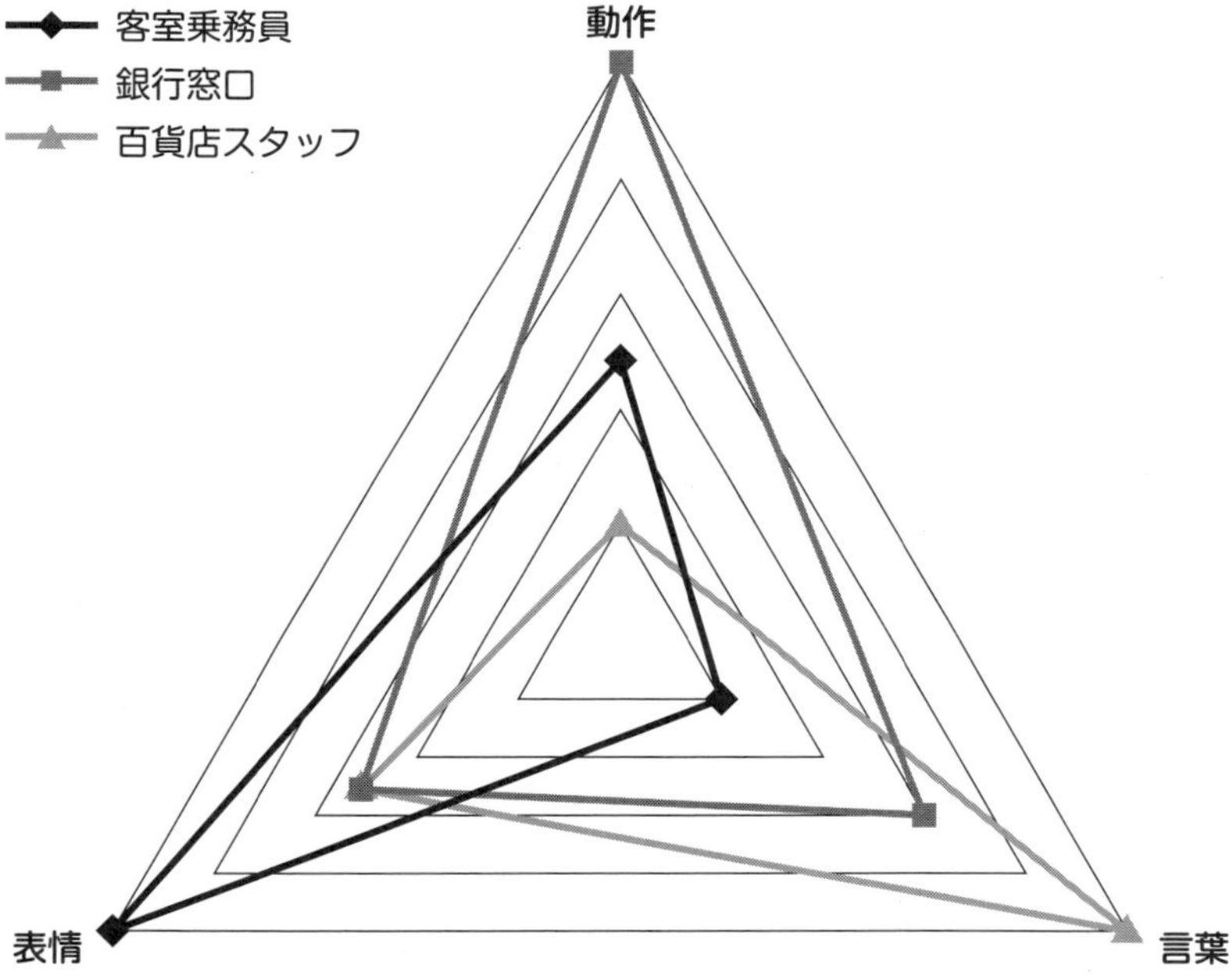
客室乗務員
銀行窓口
百貨店スタッフ
動作
表情
言葉

客室乗務員は表情は◎、言葉は△で、「表情はよいが言葉は今ひとつ」

銀行窓口は動作は◎、表情は△で、「動作はよいが笑顔に欠けている」

百貨店スタッフは言葉は◎、動作は△で、「言葉はよいが動作の緩慢さが目立つ」

つまり人に好感を与える振る舞いを身につけたいのなら、これらの職種を真似するのではなく、動作、言葉、表情の３つを意識して鍛えたほうが、高い効果が望める。

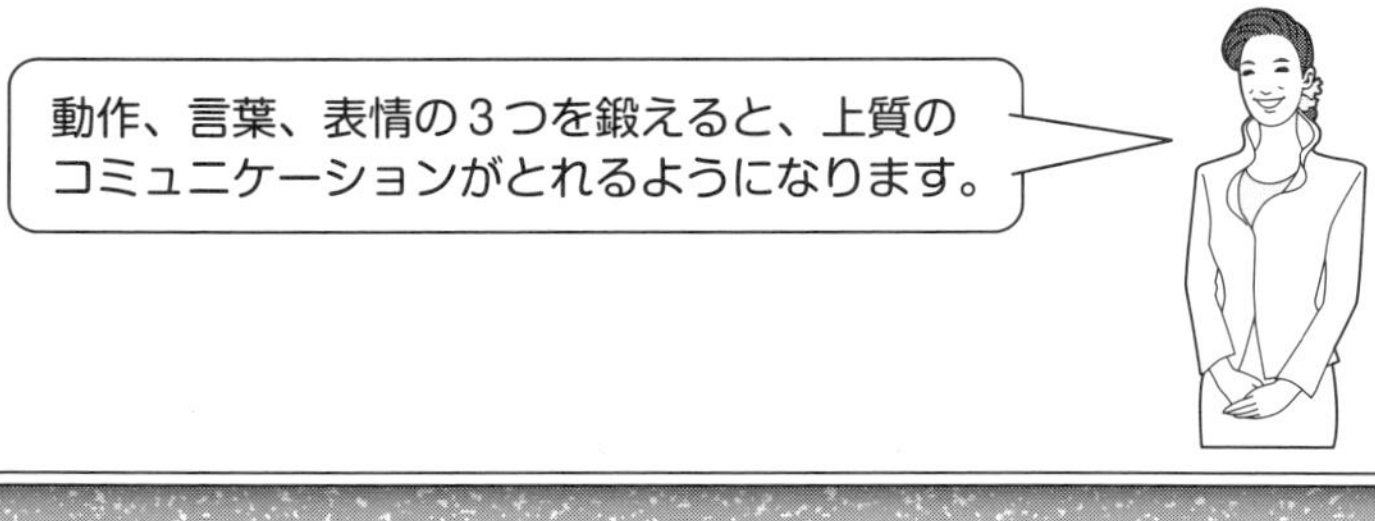
動作、言葉、表情の３つを鍛えると、上質のコミュニケーションがとれるようになります。

Study 2

ビジネスではすべての人がお客様になる
好き嫌いの感情を捨てて対等にかかわる

ムラのない接客は売上成績を上げる

こんなことを言うと誰もが驚くのですが、「接遇に心はいらない」というスタンスが、モノを売る現場でもっとも必要とされています。

お客様と触れ合う最前線にいる現場担当者は、「あの人は好きだけど、この人は嫌い」といった**人間臭い心や感情を捨て、「すべてのお客様と対等にかかわる」という考えが肝心**なのです。

もちろん、人間誰しも好き・嫌いの感情があるのは事実。それを完全に捨てるのは難しいことかもしれません。しかし一方で、あなたは誰から給料をもらっているのかを意識すれば、せめてビジネスの間だけでも、「すべてのお客様と対等にかかわる」ことができるでしょう。

Column

お辞儀のつかい分けは言葉にリンクしている

最近は「最敬礼」と「中間礼」、「会釈」の3つの違いが曖昧になっている方が多いようです。

「最敬礼」は読んで字のごとく、もっとも深くお辞儀をする礼です。次に深いお辞儀が「中間礼」、一番浅いお辞儀が「会釈」となります（左図参照）。

ビジネスでもっともつかわれるのが「中間礼」と「会釈」です。

それぞれつかう場面は、素早い動作が必要なときは「会釈」、それ以外は「中間礼」という違いがあります。たとえば、お客様の前を通り過ぎるときに「前を失礼します」と言ってするのが「会釈」です。

逆に「申し訳ございません」という場面で「会釈」だと、「本当に反省しているのか？」と相手に疑心を抱かせてしまいます。

私情を捨てて対等にかかわる

モノを売る現場では、担当者は仮に売上につながらなくても、自分が好きなお客様を相手にする傾向が強くあります。すると接客にムラができてしまい、かなりの割合で営業機会を損失していることがわかります。

Point お客様に対する好き・嫌いの感情が高いほど売上は落ちる。

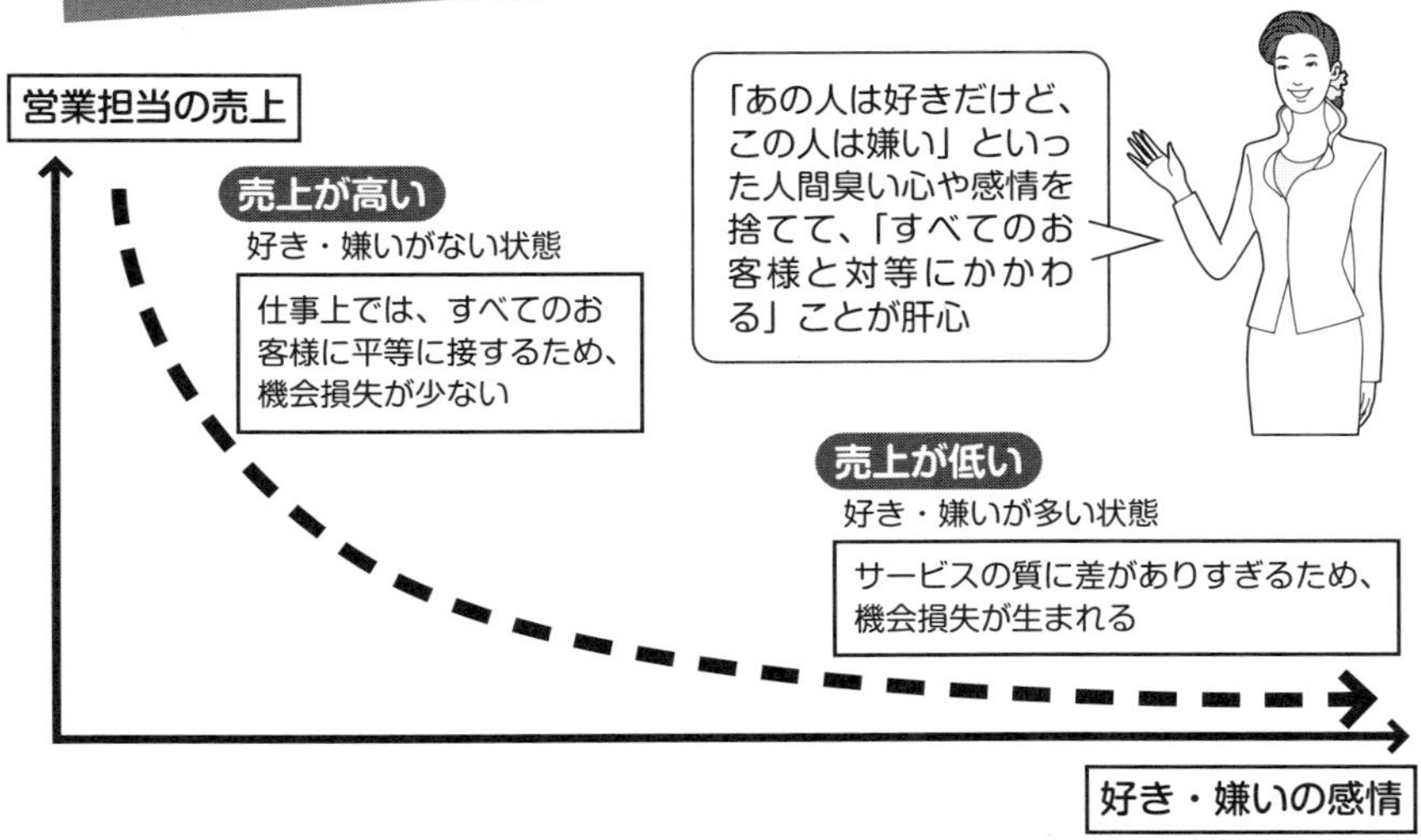

営業担当の売上
売上が高い
好き・嫌いがない状態
仕事上では、すべてのお客様に平等に接するため、機会損失が少ない
「あの人は好きだけど、この人は嫌い」といった人間臭い心や感情を捨てて、「すべてのお客様と対等にかかわる」ことが肝心
売上が低い
好き・嫌いが多い状態
サービスの質に差がありすぎるため、機会損失が生まれる
好き・嫌いの感情

会　釈
15°
中間礼
30°
最敬礼
45°

肩を張ったままテンポよく、「イチ、二」のリズムで上体を折る。「二」のときにはもとの姿勢に戻っているように。

女性は柳がしなるようなイメージで腰から折る。男性は大木が倒れるようなイメージで胸から倒す。視線は、つま先から自分の身長の半分先の位置を見る。

「最敬礼」は儀式でつかわれるお辞儀なので、ビジネスの場でつかわれることは稀。

Study 3

魅力的な言葉がお客様の心を開く ビジネス敬語にとらわれてはいけない

魅力的な言葉づかいを意識して

会社に入社して最初に叩き込まれるのが、ビジネス敬語です。たとえば「する」ではなく「される」、「行く」ではなく「参る」、「聞く」ではなく「伺う」といった敬語です。

確かにこういったビジネス敬語はビジネスを円滑にするうえで欠かせないものですから、身につけることは決して無駄ではありません。

しかし**今のように価格競争が激しい時代においては、ビジネス敬語にとらわれてはいけません**。

もしあなたが、正しい敬語をつかっているのにビジネスチャンスを逃してばかりと感じているなら、ぜひビジネス敬語にとらわれすぎていないかを再確認してみましょう。

Column

接客業はダメな表現が溢れている

今の日本のサービス業では、「このひと言さえなければいいのに……」というシーンが、数多くあります。

たとえば先日、私がデパ地下の店で何を買おうか見ていました。次の店も見ようと、その店から出るときに、店員から「また来られますか?」と言われました。口では「来られたら来ます」と言ったものの、内心「なんで来訪の有無を答える義務があるの」と反応していました。本当に再来訪をしてもらいたいなら「またお越しいただいてもよろしゅうございますか? お待ち申しております」くらいは言うべきでしょう。

もはや敬語は、道端に落ちているくらいにありふれた言葉です。サービス業は、商品の値段を下げることや広告に力を入れることにエネルギーをつかうのではなく、もう少し別の言い回しを考えることに、同じくらいの労力をつかわないとダメなのです。

魅力的な言葉でお客様を喜ばせる

ビジネス敬語にのっとる

たとえばあなたが営業で電話をかけて、お客様から折り返し電話をもらいたい状況を想定してみましょう。

またお電話いただけますか
またお電話されますか
また時間があったらしますよ
おそらく連絡はしてこないでしょう
お客様

魅力的な言葉づかい

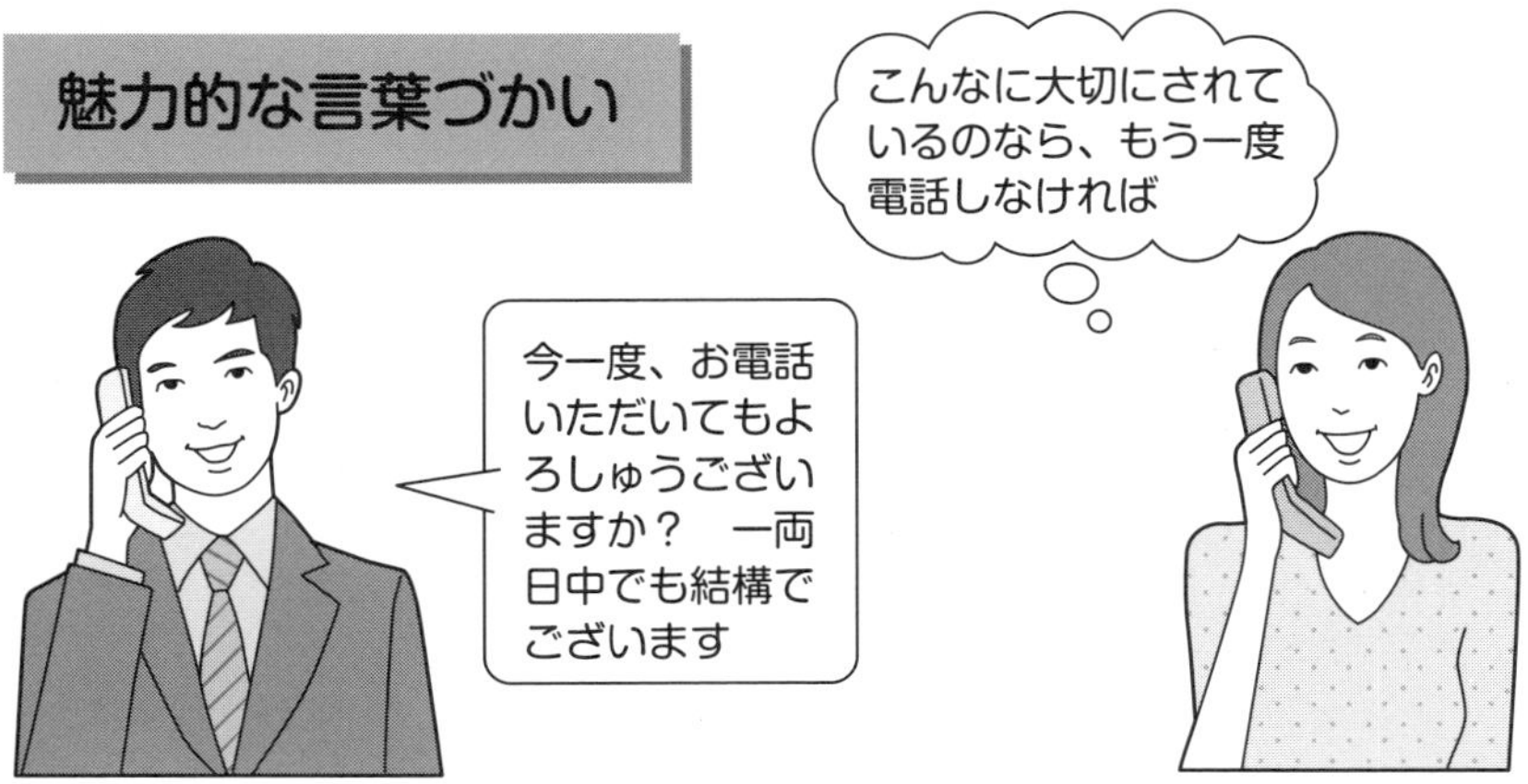
こんなに大切にされているのなら、もう一度電話しなければ
今一度、お電話いただいてもよろしゅうございますか？　一両日中でも結構でございます

Point

魅力的な言葉づかいは、お客様の心を開かせる強力な鍵になります。

Study 4

たった一文字で印象が変わる 依頼の文末には「致」を加えよう

間延びした言葉づかいはお客様を逃す

当人にその気がなくても、相手にずいぶんと間延びした印象を与える言葉づかいがあります。

たとえば靴屋で、自分の足に合うサイズの靴を店員に取ってきてもらうときを想像してみましょう。多くの店員が「お探ししまーす」や「失礼しまーす」と言って、バックヤードに消えていきます。

元気がよいのは結構ですが、語尾が間延びしていて、急いでいるお客様からしてみると、「早く行って」という反発を招きかねない言葉づかいです。

もちろん「こんなことで怒るお客様はいない」とお考えの方もいるでしょう。しか

用命
はい、わかりました
➡～でございますね。ありがとうございます

次回への布石
ありがとうございました
➡またのお越しをお待ち申しております

断りの一言②
失礼します
➡失礼致します

追加の用命
～もですね。少々お待ちください
➡～もですね。かしこまりました

Point
誰もつかったことがない魅力的な言葉づかいは、お客様の心を開かせる強力な鍵になるので、ぜひ覚えておきたい。

し隣も靴屋、その隣も靴屋、と同じような店舗が乱立していたら、他の店舗も見てみたい人には、「やっぱり結構です」「あとで来ます」と言われてしまうのがオチです。

マジックワードは「致」の一文字

そこでぜひ活用をおすすめしたいのが「致」という一文字です。

先ほどの「お探しします」は「お探し致します」、「失礼します」は「失礼致します」とつかいます。

たった一文字「致」が入るだけで、店員の印象もずいぶんと変わるはず。実際、こういう言葉をつかわれると、たいていのお客様は待たざるを得ません。なぜなら人は誰でも、「○○致します」と言われると同時に、期待感が高まるからです。

「会話のプロは『致』をつける」を肝に銘じて、日々の会話に当たれば、あなたの前に並ぶお客様の数が倍になるはずです。

また来たいと思わせる接遇用語

最初の挨拶
いらっしゃいませ
➡ようこそお越しくださいました
お礼の挨拶
いつもお世話になってます
➡いつもお世話になっております
謝罪
すみません
➡申し訳ございません
待機のお願い
ちょっと待っててください
➡少々お待ちくださいませ
断りの一言①
すみません
➡恐れ入ります
主語
わたし
➡わたくし
話す順序
1.理由+2.結論
➡1.結論+2.理由

Study 5

つかい方で印象が変わる言葉がある

指示代名詞は丁寧につかう

言葉で満足感を与える

「これ」や「あれ」といった指示代名詞は、友達同士の会話でつかうのならよいのですが、不遜な印象を与えるため、さすがにお客様につかうのははばかられます。

有名ブランドや高価な商品に対して、「これですか」と指差されたら、誰もが途端に購買意欲を失ってしまうでしょう。一方で「こちらでございますか」と言われたら、仮に値段が低い商品であったとしても、とても高価な商品に思えてこないでしょうか。

つまり、**あなたのつかう言葉ひとつで、安物も高価に見せることが可能になる**のです。

これがサービス業や接客業の醍醐味でもあります。お客様はどんな商品であっても、あなたの言葉づかいに満足して購入にいたるのですから。

「値打ち以上に高価なものを手に入れた」や「大切なお客様として扱われた」といった満足感が得られなければ、どんなに商品をアピールしてもお客様は購入しないのです。

Point

自分の立ち姿をアルファベットのOで包むような形にする。

「あちら」「こちら」などを示す際は、自分の立ち姿を囲むアルファベットのOのラインを意識します。美しい立ち居振る舞いをするには、このOラインから手足がはみ出さないように動きます。図のように、方向と同じ手を上げると、Oラインからはみ出してしまいます。
移動するときもこの理論に基づき、右方向へ行くときは左足から、左方向へ行くときには右足から動くと、Oラインが守られます。

Column

正しい敬語とお客様が喜ぶ言葉は別物です

「最近の若者は敬語が下手」と嘆く声があります。しかし私に言わせると大人も若者も同じ。むしろ正しい敬語を覚える時間があったら、「お客様が喜ぶ言葉づかいを考えることに時間をつかいなさい」と教えています。

上司や先輩に敬語をつかうならまだしも、お金を持ってくるお客様につかうのは間違いです。

あなたにとって、お客様と上司・先輩は同じ存在ですか？　もしこの点が曖昧なら「誰からお給料を頂戴しているのか」をもう一度、考えてみましょう。

つまりみんなが「敬語」と思っている言葉は、実は身内だけで通用する「身内敬語」なのです。上司や先輩につかっている言葉で、お客様の心がときめくはずがありません。

お客様の数だけ接客対応の種類があるので、どれが好ましい言葉づかいか判断するのは難しいかもしれません。しかしビジネスの現場では、知恵を絞ってお客様が喜ぶような言葉を生み出す努力が必要なのです。

美しいしぐさを身につける

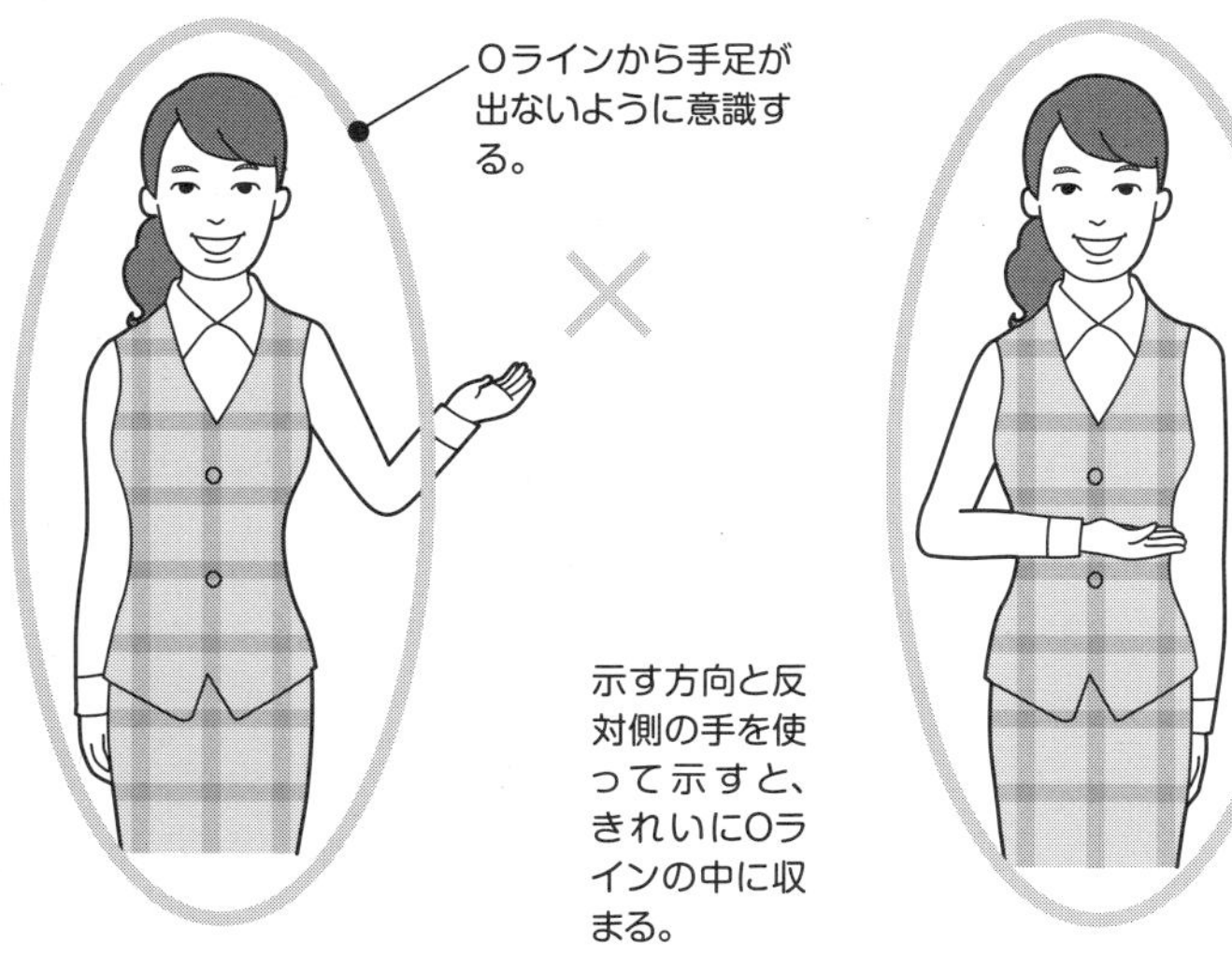

示す方向と同じ側の手を上げると、Oラインからはみ出す。

示す方向と反対側の手を使って示すと、きれいにOラインの中に収まる。

Study 6

リピーターを増やしたいなら「次も期待してほしい」という意思を加える

謙遜の言葉を変える

任されていたプロジェクトが成功し、関係先や上司から「よくやったね」とお褒めの言葉を頂戴したとき、あなたならどのように返答しますか？　多くの人は「とんでもありません」や「こちらこそ」と謙遜するでしょう。

謙遜すること自体が間違いではありませんが、ビジネスでつかうなら不十分。謙遜表現だけでは、リピーターを獲得できません。

人から感謝をされたら、「次への期待感を与える」ことを意識して、「十分なことができませんで」と答えるようにしましょう。

「ご期待に添えず申し訳ありません」という謙遜の言葉に、「次も期待してほしい」という意思が加わることで、相手の心は動くのです。

ビジネス以外のお礼にもつかえる

この返答はあらゆる場面に応用が利きます。贈り物をして感謝されたり、おもてなしの料理を褒められたときなど、「つまらないものですが」「お粗末でした」とは言わず、「十分なことができませんで」と返します。

もしあなたがもっとリピーターを獲得したいと考えているのなら、**お礼を言われたときには「次はもっと素晴らしい仕事ができる」という期待感を与える**ことが、「もう一度、頼んでみよう」という相手の行動につながることを覚えておきましょう。

仕事を通して勝ちパターンを見つける

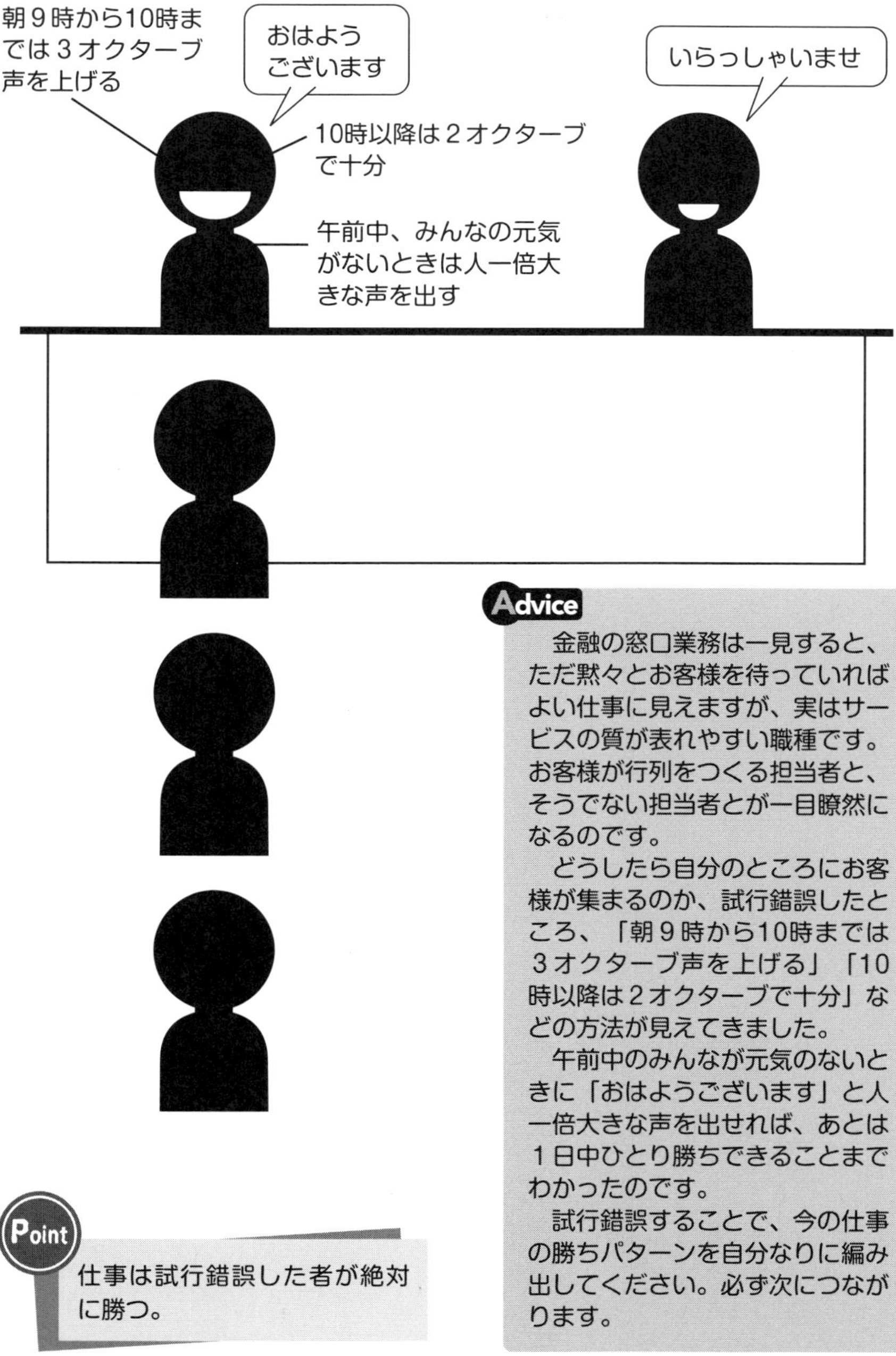
朝９時から10時までは３オクターブ声を上げる
おはようございます
いらっしゃいませ
10時以降は２オクターブで十分
午前中、みんなの元気がないときは人一倍大きな声を出す

Advice

金融の窓口業務は一見すると、ただ黙々とお客様を待っていればよい仕事に見えますが、実はサービスの質が表れやすい職種です。お客様が行列をつくる担当者と、そうでない担当者とが一目瞭然になるのです。

どうしたら自分のところにお客様が集まるのか、試行錯誤したところ、「朝９時から10時までは３オクターブ声を上げる」「10時以降は２オクターブで十分」などの方法が見えてきました。

午前中のみんなが元気のないときに「おはようございます」と人一倍大きな声を出せれば、あとは１日中ひとり勝ちできることまでわかったのです。

試行錯誤することで、今の仕事の勝ちパターンを自分なりに編み出してください。必ず次につながります。

Point

仕事は試行錯誤した者が絶対に勝つ。

Study 7

相手に喜んでもらうための5つの約束事

日ごろから気をつけるべき接遇の心構え

約束1
名前を呼ばれたら「はい」と返事をする

「はい」と大きな声で返事をすることで自分の気持ちが前向きになり、行動もスピーディーになります。「はい」という返事は仕事のリズム。気持ちがよい「はい」を言えない人は、何事に対しても腰が重いのです。

約束2
立ち上がったら、イスをテーブルの下に入れる

座っているときはそこはあなたの座るべきところであり、あなたのイスです。しかし、イスから立ち上がったら、そこは人の通り道になります。イスは必ずテーブルの下に入れ、人の行き来の邪魔にならないようにします。

約束3
後ろに手を組まない

手を後ろで組むと、横柄な態度に見えます。足は両足のかかとをくっつけ、つま先を自分の靴と同じサイズだけ開きます。女性はどちらかの足を半歩後ろに引くと、美しく見えます。男性は片手で反対側の手首を組み、女性は片手で反対の手の甲を包み込むように持ちます。下になった手は軽く握り、指先が見えないようにします。

約束4
中座する際は、隣の人に無言で一礼する

会議やセミナーなどで、どうしても席を外さなくてはいけないときは、隣の人に対して「私が席を立つことで音を立ててすみません」という意味で、無言で一礼をします。そして、ドアの手前で「私がドアを開けることで皆さんの集中を妨げてすみません」という意味で、無言で一礼をします。

約束5
素直な気持ちで取り組む

何事も応用のためには、基本がしっかりできているということが前提です。自分で「これは知っているから」という壁はつくらず、素直な気持ちで物事（接遇）を学んでください。

Study 8

復唱すると相手は安心してくれる

ご用命は必ず復唱する

ビジネスで「はい」だけでは不十分

ご用命をうけたまわったとき、「『はい』と元気に返事をしなさい」とはよく言われることです。ただしビジネスでは、まったく返答がないよりはマシですが、「はい」と返事をするだけでは不十分です。ビジネスは、元気だけでは乗り越えられません。「あなたの依頼を理解していますよ」という受け手側の確認がなければ、依頼主が不安になってしまいます。

ですから、ご用命をうけたまわったときは、**「はい」という返事に加えて、ご用命を「復唱する」という一連の動作を意識**しておきましょう。

復唱は内容を理解したことの確認

職場での上司と部下のやりとりをイメージしてく

Column

ガソリンスタンドのスタッフはアクションが小さい

せっかくのオーバーアクションも、相手に見えるようにしなければ意味がありません。これならやらないほうがずっとマシだと思うことすらあります。

たとえば私が「身振り手振りで一番下手」と感じるのは、ガソリンスタンドのスタッフたちです。「どうぞーどうぞー。ありがとうございます」と言いながらお客様の自動車を誘導しますが、とにかく身振り手振りが小さいのです。ですからお客様が何度も何度もブレーキを踏んでいる光景をよく目にします。

私はガソリンスタンドのスタッフたちに「胸を張って両の手を広げた『羽ばたきのポーズ』で誘導しなさい」と指導しています。鳥が羽ばたくように大きな動作で誘導すれば、周囲の自動車やスタッフにも、自動車を誘導中であることがハッキリ伝わります。

ださい。上司から「コピーを10部とって先方に郵送してほしい」という依頼を受けたときに、「はい」とだけ返事をしたら、上司はどのように感じるでしょうか？　おそらく「本当に依頼内容を理解しているのだろうか」と不安に思うはずです。

一方で、「はい。コピーを10部、それを先方に郵送ですね」と復唱すれば、「その通りに頼む」や「10部のうち5部を送ってほしい」と追加のコミュニケーションが発生して上司の不安は払拭されます。

これは営業担当とお客様とでも同じです。お客様からご用命をうけたまわったら、「はい。○○ですね。ありがとうございます」と復唱をすれば、お客様は「この人に任せて大丈夫」と安心します。

ご用命は復唱すると安心感を生む

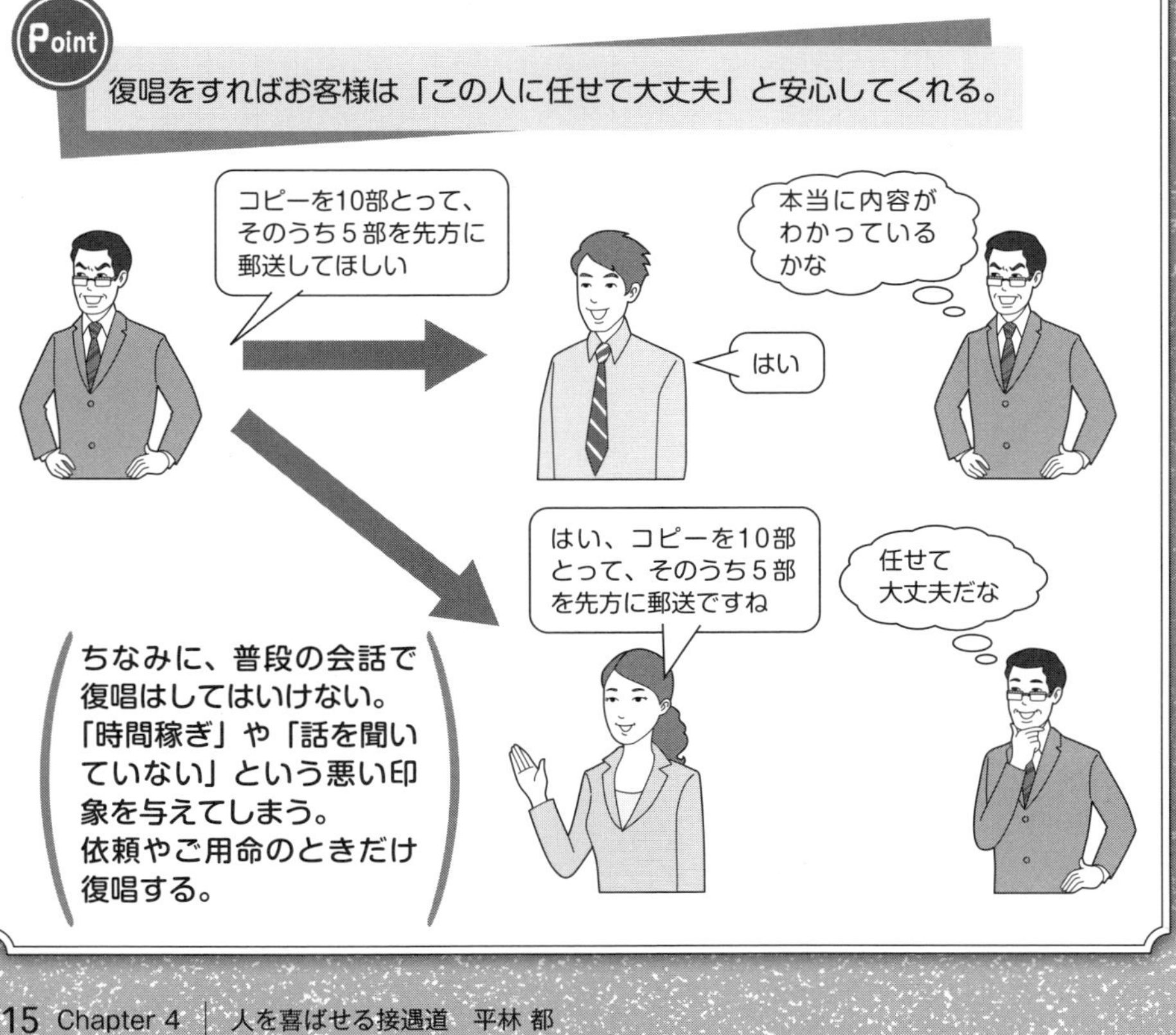
Point
復唱をすればお客様は「この人に任せて大丈夫」と安心してくれる。
コピーを10部とって、そのうち5部を先方に郵送してほしい
本当に内容がわかっているかな
はい
はい、コピーを10部とって、そのうち5部を先方に郵送ですね
任せて大丈夫だな
ちなみに、普段の会話で復唱はしてはいけない。「時間稼ぎ」や「話を聞いていない」という悪い印象を与えてしまう。依頼やご用命のときだけ復唱する。

Study 9

相槌の打ち方ひとつで好印象を与える
文末を「、」から「。」に変えよう

聞いているのかわからない相槌はムダ

相槌をしっかり打っているのに、「この人は本当に聞いているのか」「話の内容を理解できているのだろうか」と不快に思わせてしまう人がいます。

そういった人たちは「はぁ、まぁ、えぇ、わかりましたぁ」と相槌を打っているのです。当人にその気はなくても、聞いている側には、ずいぶんと間延びした印象を与えて、話す気分を失わせてしまいます。

そこで**相槌を打つときは、文末を「、」から「。」に変えましょう。**

たとえば「はぁ、」は「はい。」に、「わかりましたぁ、」は「かしこまりました。」となります。

■その他の「聞いている」演出

首を大きく振って
相槌を打つ

メモを取りながら
相手の話を聞く

Column

美容師は聞き上手の見本

上司からの叱責、同期や部下からの愚痴、顧客からのクレーム、ご近所のうわさ話など、私たちの日常はいつも聞きたくない話題でいっぱいです。

しかし、こんなことを言ったらヒンシュクモノですが、こういったくだらない類の話は、「本気になって聞く」からストレスになるのです。

たとえば顧客からのクレームに対して、「本気になって聞く」と腹が立ってしまいます。上司からの叱責も「本気になって聞く」と落ち込んでしまいます。「本気で聞く」からこそ、自分の意見を言いたくなったり、感情移入をするのです。

こんなときは相手の話を真正面から受けずに、話を聞いているフリに徹しましょう。実際、相手も誰かに話を聞いてもらいたいだけなのです。

特にこの聞き上手の例として、私は美容師さんの真似をおすすめします。彼、彼女たちはお客様の話をとにかく聞き、そして自分の意見を述べたりしません。とにかく聞き役に徹するので、自分の仕事に没頭もできますし、ストレスも溜まりません。

相槌の文末は「、」から「。」に変えると好印象

はい。
その通りでございます。
おっしゃる通りでございます
ちゃんと話を聞いてくれているな
区切りのよい相槌は話しやすい

Point

まずは相手の目を見てリズムよく、「はい。かしこまりました。」と、文末に「。」を打って、区切りのある言葉で終わらせよう。

Study 10

同じ質問を二度してはダメ
わからなくてもわかったフリをする

わかったフリをして確認のために聞く

ビジネスでは、「不明な点があればその場で確認しなさい」というセリフをよく耳にします。しかし実際は、わからなくても「わかったフリ」をしなければならないことがあります。

不明点をそのままにしておくのは危険で、のちのちトラブルになりかねません。しかし、相手の説明を遮って、「もう一度いいですか?」や「もう一度同じ説明をよろしいですか?」としては、あまりに芸がありません。

相手の言っていることがよく理解できないときは、焦って「もう一度同じ説明をよろしいですか?」とは言わずに、**一度「わかったフリ」をして話を進めてしまいます。そして区切りのよいところで、要点をまとめるようにして、「このような理解**

Point

相手の説明が難解だったり聞き逃したりしても、その場ですぐに聞き直してはいけない。
まずは「わかったフリ」をして、自分なりに要約しよう。

の仕方でよろしいですか?」と、確認を装って、再度、説明を促すようにしましょう。

その場でもう一度説明を求めるということは、何も聞いていなかったという印象を相手に与えてしまいます。相手の説明を遮るのも、あまりよい印象を与えません。

Column

最近は「嘘も方便」が下手な人が多い

最近は嘘が下手な社会人が多いようです。私に言わせると「正直者が通用する」のは小学生までで、大人になったら「嘘も方便」が必要なのです。

もちろん誰かを傷つけるような嘘はいけませんが、時と場合に応じて「嘘も方便」がないと、逆に相手を傷つけてしまうことだってあるのです。たとえば上司や先輩、お客様からお酒に誘われたとき、「行きたくありません」と平気で断ってしまう人がいます。いくら正直がよいとは言っても、これはさすがに相手を傷つけます。行きたくないと思っても、「相手をいかに傷つけないか」を考えて、「ご一緒したいのですが急ぎで別の仕事が入っていて」などと、言えばよいのです。

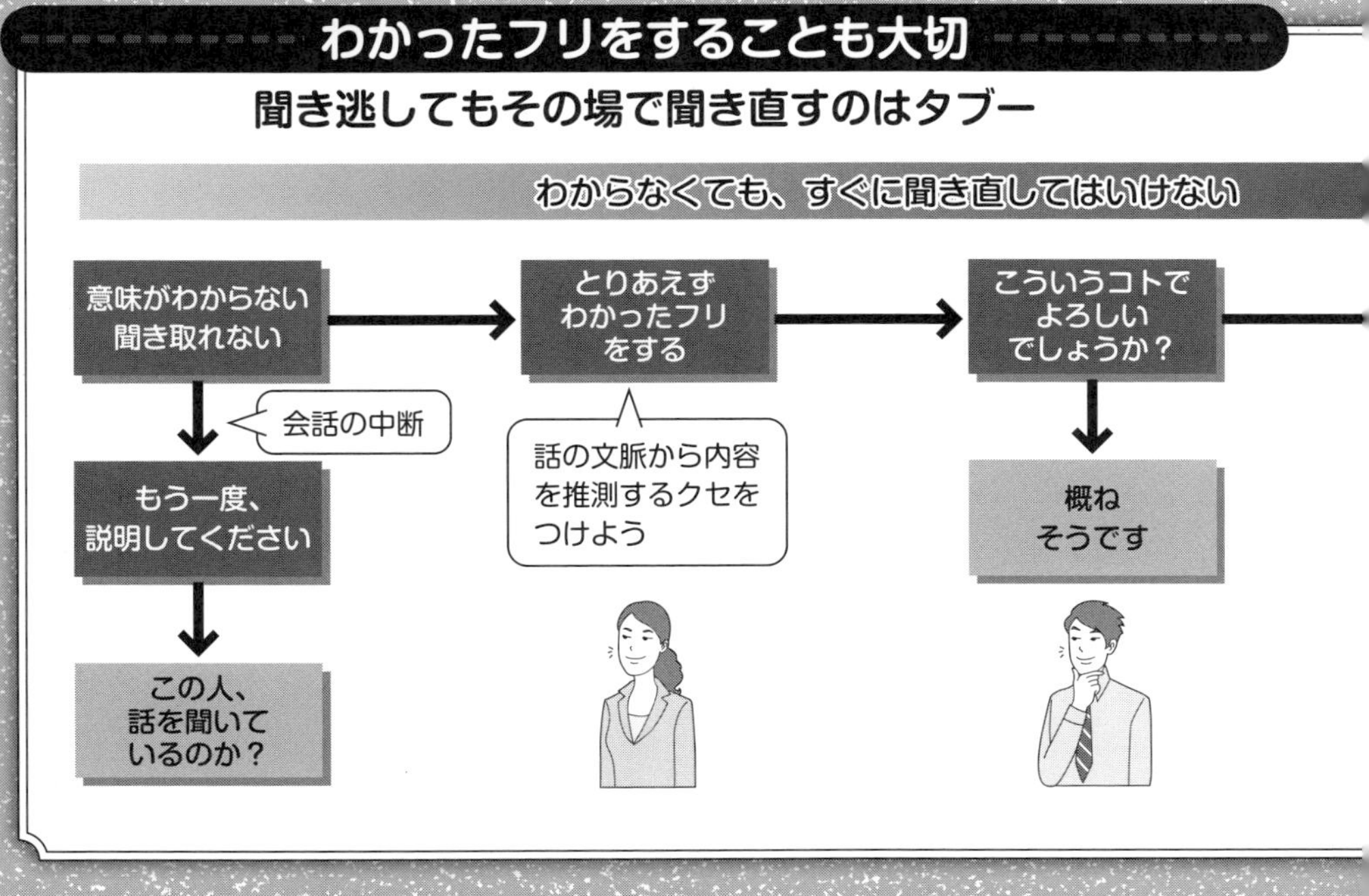
わかったフリをすることも大切
聞き逃してもその場で聞き直すのはタブー
わからなくても、すぐに聞き直してはいけない
意味がわからない 聞き取れない
会話の中断
もう一度、説明してください
この人、話を聞いているのか?
とりあえず わかったフリ をする
話の文脈から内容を推測するクセをつけよう
こういうコトで よろしい でしょうか?
概ね そうです

Study 11

抽象的な言葉で命令してはいけない
「いつ・どこで・どうやって」を具体的に

具体的な表現でなければ正確に伝わらない

話している内容を強調するため、「絶対に挨拶をしてください」や「きっちり挨拶をしてください」など「絶対に」「きっちりと」といった副詞を使う場合があります。

確かに「絶対にやりなさい」と命令されると「やらなければ叱られる」という印象を与えるため、言われた側は命令通りに従おうとするかもしれません。しかし実はこの表現は、**「いつ・どこで・どうやって」が明らかでないため、具体的に正確な挨拶はできない**のです。

このようなときは、「お客様がいらしたときは、入口まで速足で向かって、腰から30度でお辞儀をしなさい」と具体的に指示を出さなければ、正確な挨拶はできません。

Point

ビジネスでは勘違いからくるミスが命取りになりかねない。曖昧な言葉ではなく、具体的な表現を用いること。

曖昧な言葉がミスにつながる

似たような表現に、「もっと」や「すごい」「いつも」「みんな」といったものがあります。

たとえば「いつもみんなが挨拶しているようにしなさい」と言われると、その場では正しく聞こえても、いざ実行するときになると、「いつも」とはいつか、「みんな」とは誰かと疑問が湧いてきて、ミスにつながる危険すらあるのです。

Column

「〇〇さん」ではお客様を逃す

先日、行きつけのお店に行くと、いつもは「平林様」と呼んでくれる店員さんが、その日は「平林さん」と言い方が急に変わっていました。この途端に私はもう常連になるのを止めてしまいました。

実はこの「〇〇様」から「〇〇さん」に変わることは、ビジネスではよくあること。多くの人は違和感を持っていないようですが、言葉に敏感なお客様は、「〇〇さん」と気安く呼ばれた瞬間に、気持ちが冷めてしまうものです。

「〇〇様」と呼ばれているときは、自分がお客様として扱われているのがわかります。しかし「〇〇さん」では、まるで友達感覚で扱われているように感じてしまうのです。

もちろん店員側にしてみれば、「〇〇さん」と呼び方を変えることで、親密さを出そうとしているのかもしれません。しかし、ビジネスには馴れ合いは禁物です。

「親しき仲にも礼儀あり」という格言があるように、どんなに親しくなろうとも、「〇〇様」と呼び続けるほうがよいのです。

曖昧な言葉は伝達ミスを生む危険あり

できるだけ具体的な言葉に置き換えよう

次のような曖昧な言葉には気をつけよう

時間	態度	頻度	補足	擬音
いつも	きっちり	必ず	もっと	グーッと
何時前後	しっかり	よく	すごい	ピシッと

Study 12

小さな動作や声では信頼されない
動作や声は目立つくらいに大きくしよう

大きな声で周りに伝えてサポートを

「控えめな声や動作は優雅である」という考えはあります。しかしチームワークが必要な職場では、声や動作は周囲がわかるくらいに大きくしなければ連携ミスが起きかねません。

たとえばお客様のご用命を聞いたら、すぐに「コーヒーでございますね、ありがとうございます」「お見積もりでございますね、ありがとうございます」と**周囲の人間にも聞こえるくらいに声を出しましょう。**

するとその声を聞きつけた仲間が、「コーヒーを注ぐ準備」をしたり「お見積もりの用意」をするなど、サポートに入ってくれます。

Column

「お世辞」「ヨイショ」はドンドンつかおう

「お世辞」「ヨイショ」は、人間関係を円滑にするテクニックであり、どんどんつかって問題はありません。

嘘はダメですが、褒められたら誰でも嬉しいもの。たとえば、少しでも白い歯が魅力的な人には「歯並びが素敵ですね」と気の利いたお世辞を言ってみましょう。相手は歯を出して笑ってくれます。そこで「笑顔が素敵だわ」とタイミングよく言います。するとますます笑顔をつくるので、「いつもニコニコしてくださるから気持ちがいいわ」とさらに相手が喜ぶ言葉を述べるとよいでしょう。

もし、「お世辞やヨイショは浅ましい」という陰口を耳にしたら、それは「お世辞やヨイショを上手に言えない人の妬み」なので、気にしてはいけません。「お世辞」や「ヨイショ」は言った者勝ちです。

大きい動作はお客様のため、チームのため

Point 声や動作は目立つくらいに大きくしよう。

声出しと同様に、身振り手振りの動作も大きくすると、チームの連携がうまくいく。
お客様を誘導するときは「ネクタイコーナーはこちらです」と言って、腕と手をつかって進行方向を指し示すと効果的だ。

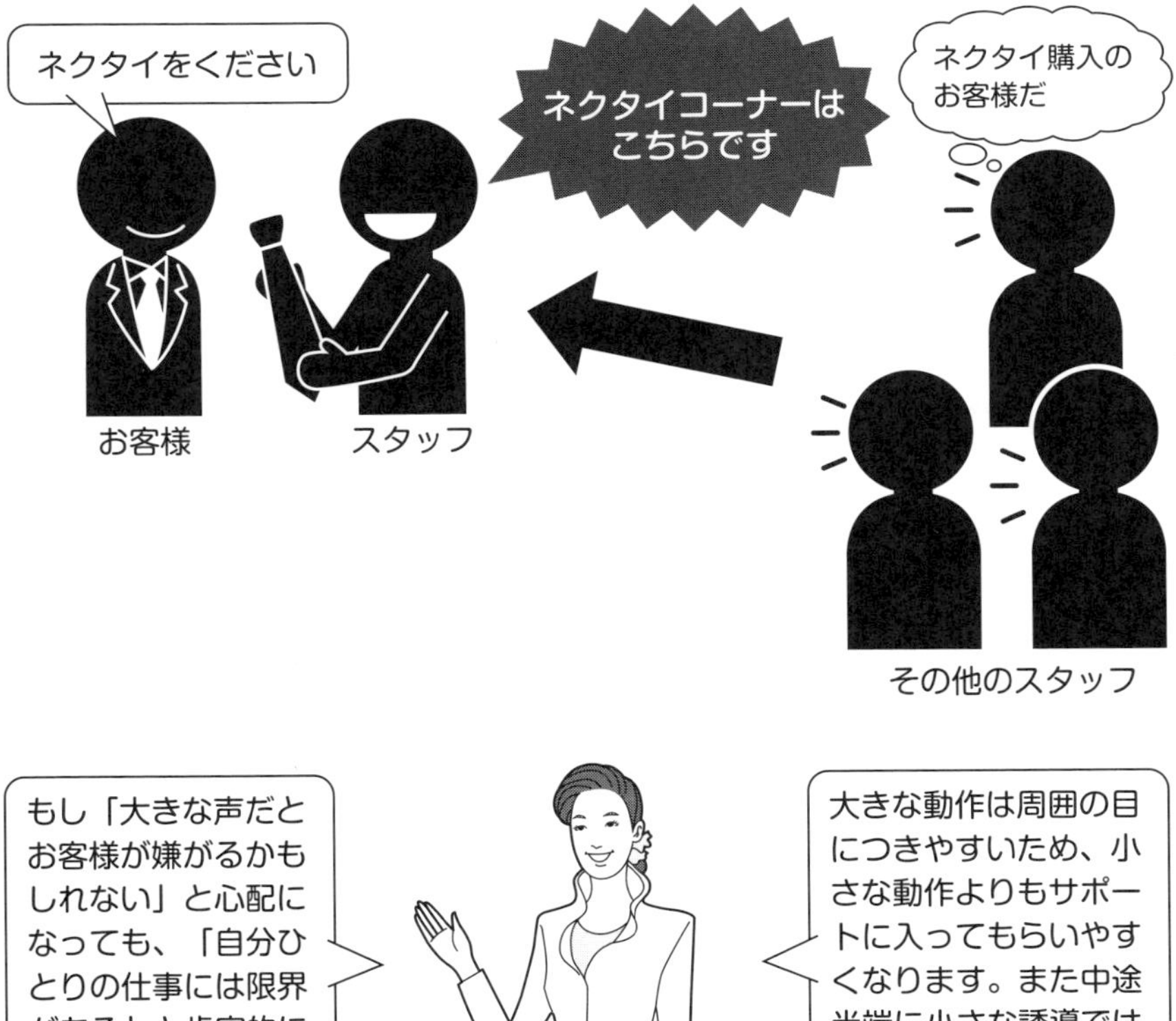

ネクタイをください
ネクタイコーナーは
こちらです
ネクタイ購入の
お客様だ
お客様
スタッフ
その他のスタッフ

もし「大きな声だとお客様が嫌がるかもしれない」と心配になっても、「自分ひとりの仕事には限界がある」と肯定的に考え、周囲の仲間にもわかるくらいに大きな声と大きな動作で応対しましょう。

大きな動作は周囲の目につきやすいため、小さな動作よりもサポートに入ってもらいやすくなります。また中途半端に小さな誘導では「こっちでよいのだろうか」とお客様を不安にさせてしまいます。

Study 13

笑顔に見せるためにはコツがある
話し終わりは大きく口を開けて笑顔の印象を

話し終わった後の表情が印象を変える

「笑顔で商談に臨んでいるのに、なかなか成約につながらない」と嘆く人たちがいます。こういった人たちを観察していてわかるのは、笑顔の印象を残せていないということです。

彼らは、話している間は笑顔のように見えます。しかし話が終わった途端に口を閉じてしまうため、最後は仏頂面の印象を与えてしまっているのです。

仏頂面の人は暗い人という印象を与えてしまいます。暗い人とは仕事をしたくないし、商品を買いたくもない。それゆえ本来まとまるはずの商談もまとまりません。これが笑顔なのに成約できない本当の理由なのです。

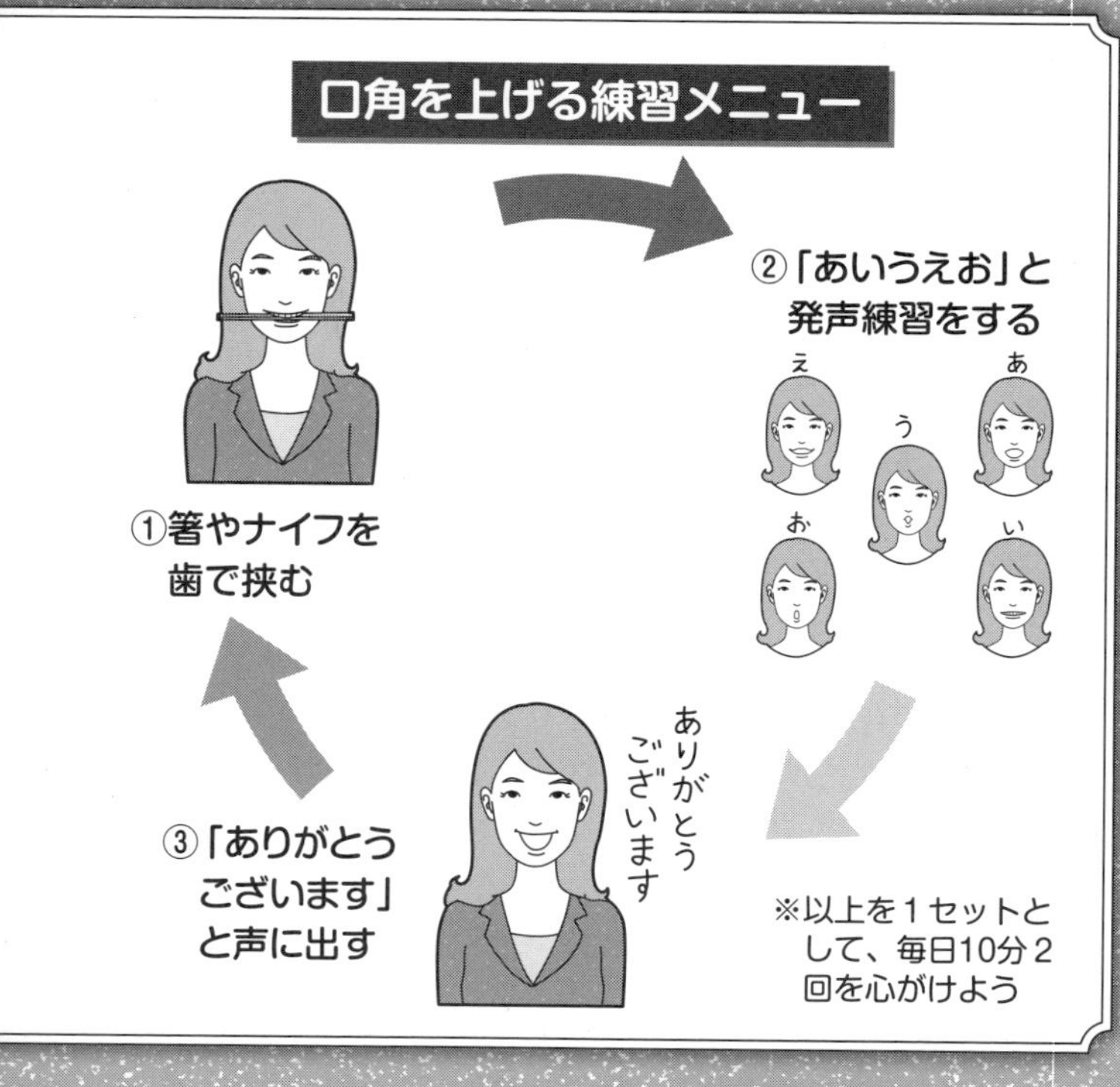
口角を上げる練習メニュー
①箸やナイフを歯で挟む
②「あいうえお」と発声練習をする
あ
い
う
え
お
③「ありがとうございます」と声に出す
ありがとうございます
※以上を1セットとして、毎日10分2回を心がけよう

もしあなたが「笑顔」で商談や日々のコミュニケーションを円滑にしていきたいと考えているのなら、**話し終わったときも「口を開ける」ことを意識する**とよいでしょう。

最後に笑顔の印象を残す

笑顔に見えるか仏頂面に見えるかは、話し終わったときに「口を開ける」か「口を閉じる」かで、大きく左右されます。

たとえば腹話術師を想像してみてください。彼らは人形が話し終わると口を閉じます。話し終わった最後に「口を閉じる」ことで、腹話術師がずっと仏頂面でいたことを印象づけるのです。

つまり話し終わった後に「口を開ける」か「口を閉じる」かで「笑顔」の印象はまったく別のものになることもあるのです。

笑顔の印象を最後まで残せるかどうかは、話し終わったときに「口を開ける」かどうかに、かかっているのです。

話し終わるときに口を開けて笑顔をつくる

Point 話し終わりのタイミングの口の開閉がポイント。

	こちらの反応	相手の反応
話が終わるタイミング	口角を上げて ニコやかに笑う 	「爽やかな笑顔だ」 気分がよい
	口を閉じて 真面目な顔をする 	「なぜ仏頂面なんだ」 気分が重くなる

※話している間中、どんなに笑顔でも、最後に口を閉じてしまうと「仏頂面」になる

Study 14

過去形でお礼を述べると関係が終わる 継続した関係には「ありがとうございます」

お客様を送り出しているのです。

これからもお客様との関係を続けたいのなら

買い物などをした後、「ありがとうございました」と店員から言われます。実はこの「ありがとうございました」は、お礼の言葉としては間違いなのです。

購入が終わってもお客様との関係は継続するもので、その場で終わりではありません。次回も購入してもらうような、**継続した関係をお客様と築きたいと思うのなら、「ありがとうございます」と現在形でお礼を述べましょう。**

現に「ありがとうございました」のひと言を聞いて、せわしなく店外へ押し出された印象を持ったお客様が、再来店を拒んでしまったという話も聞きます。

言葉づかいが先進的なお店では「早朝よりお越しいただきまして、ありがとうございます」と言って

Column

接遇は時代と共に変化

①「○○していただけますか？」
②「○○願えませんでしょうか？」
③「○○願えますでしょうか？」

皆さんにはこの3つの言葉の違いがわかりますか？実はこれ、接客業でつかわれる「お客様にお願いをする言葉」が変化しているという例です。

私がマナースクールを開校した当初は、世間では①のような命令口調の表現がまかり通っていました。徐々に②のような丁寧な否定疑問文がつかわれ始め、現在は③の相手に委ねる疑問文が主流となっています。

このように、接客にかかわる言葉づかいは、お客様の要望に応じて日々変化しているのです。

「ありがとうございます」と現在形でお礼を言おう

Point

「ありがとうございました」と過去形でお礼を述べると、関係がそこで終わってしまうので注意。

接客が終わった
印象を受けるので、
居心地が悪いなぁ
ありがとう
ございました
お客様
スタッフ

帰ろう
ありがとうございました
ありがとうございました
(連呼してしまう)

言っていいお礼の言葉は、現在形の「ありがとうございます」だけと覚えておきましょう
過去形の「ありがとうございました」はタブー用語です

Profile

1963年生まれ。早稲田大学卒業後、日本テレビに入社。2005年フリーアナウンサーに。「ジャストミート」「ファイヤー」等の流行語も生み出した。報道アナウンサー、バラエティーアナウンサーの枠を超え、「テレビ司会者」として独自のジャンルを構築していくことを目標としている。03年に旗揚げした「福澤一座」では、脚本・演出・座長を務めた。趣味は卓球で、日本酒と和菓子をこよなく愛する。著書に『声と言葉の教科書　勝てる日本語　勝てる話し方』（東京書籍）、『“また会いたい”と言わせる話し方、伝え方』（講談社）がある。

Chapter 5

声の出し方・伝え方の技術

福澤 朗（ふくざわ・あきら）
アナウンサー

Study 1

声の「高低」「大小」「速遅」、それから「間」を意識する

伝達能力を高める声のトーンと間《ま》

強調するときは高く、大きく、ゆっくりと

話し方においてもっとも重要なのは、伝えたいことを相手に正確に伝える伝達能力。その能力が乏しいと、話を聞いてもらえないばかりか、誤解されて間違った情報を流布してしまうことにつながる。

では、伝達能力の高い話し方とは、どういう話し方なのか？　基本中の基本が「声のトーン」だ。言葉をつかって自分の考えや思いを伝えようとする声には「高低」「大小」「速遅」という3つのパターンがある。次のセリフを声に出してみよう。

「私は今日、銀座線で新橋に行ってきました」

重要なのは、**強調したい単語を「高く」あるいは「大きく」「ゆっくり」話すこと、または単語の前に間《ま》をとること**だ。これらをひとつでも意識して伝えたいことを強調すると、話は正確に伝わるはずだ。

Point

同じセリフでも、強調する単語を変えると伝わる意味も変わる。

「私は今日、銀座線で（間）新橋に行ってきました」

「銀座線」を強調した場合、発言者が徒歩や浅草線でなく、銀座線を選んだ理由に気をひかれる。一方、「新橋」を強調した場合、なぜ新橋へ行ったかに注意を喚起される。

強調したい単語の前に間をとるというのも同じように意味を強調する作用がある。
「私は今日、銀座線で……（間）、新橋に行ってきました」

Column

幼稚園児にも役に立つ話し方

私は企業や自治体など、さまざまな場で講演を行ってきましたが、幼稚園で4～6歳の園児を相手に講演をしたこともあるんです。そのとき、右に述べたのと同じことを話しました。

「今度のクリスマス、お祖父さんお祖母さんに買ってもらいたいものを伝えるときは、大事なことを高い声で、大きな声で、ゆっくりと伝えるんだよ」と。たとえば、欲しいものが仮面ライダーの変身ベルトだったとしましょう。そのとき、祖父母が仮面ライダーとウルトラマンの区別もできない人なら、「仮面ライダー」を強調しないといけません。そうでない場合、欲しいものがフィギュアでもガンバライドカードでもない、「変身ベルト」であることを強調すべきでしょう。この話をしたとき、子どもたちは「いいことを聞いたな」という顔をして深くうなずいてくれました。

ビジネスの場でも同じ。商品のプレゼンで、強調すべきが「商品名」か「値段」か、「構想3年」といったエピソードなのか、それを意識して話すことで、2～3割増しで相手を納得させることができるはずです。

何を強調したいか考えて話す

私は今日、**銀座線**で新橋に行ってきました
そうか、浅草線ではなくて、銀座線に乗ったのか……
私は今日、銀座線で**新橋**に行ってきました
新橋に行ったのか。何をしに行ったのかな?

Study 2

大勢の聴衆を相手にする際の話し方
「扇風機話法」と「客いじり話法」

大勢の前ではまんべんなく話すこと

ここでは、説明会やプレゼンテーションなどひとり対大勢で使えるテクニックを紹介しよう。大勢を相手に話をするときに注意すべき点は、聴衆の関心が自分の話に向いているのかを常に意識するということだ。

もっとも効果的なのが「**扇風機話法**」。扇風機が首を振るのと同じような動きで聴衆を見渡し、一人ひとりまんべんなく話しかけるようにする話し方だ。

そして、もうひとつ、聴衆が初対面ではなく、社内などの顔見知りの場合は、「**客いじり話法**」も有効だ。お笑い芸人や落語家が、途中から遅れて入ってきたお客さんに「よくいらっしゃいました。本当に面白いのはこれからですから」などと話しかけて笑いをとるような話法がこれに当たる。

1対大勢では聴衆の関心を自分に向ける

Point 大勢の人に話をするときは、聴衆の反応をよく観察する。

扇風機話法

聞く人の顔を見ながら話すので、相手が自分の話をどういう態度で聞いているのかチェックできる。もし、退屈そうな様子がうかがわれたら、声の「高低」「大小」「速遅」に変化を加えたり、「間」をとって注意をひきつける。

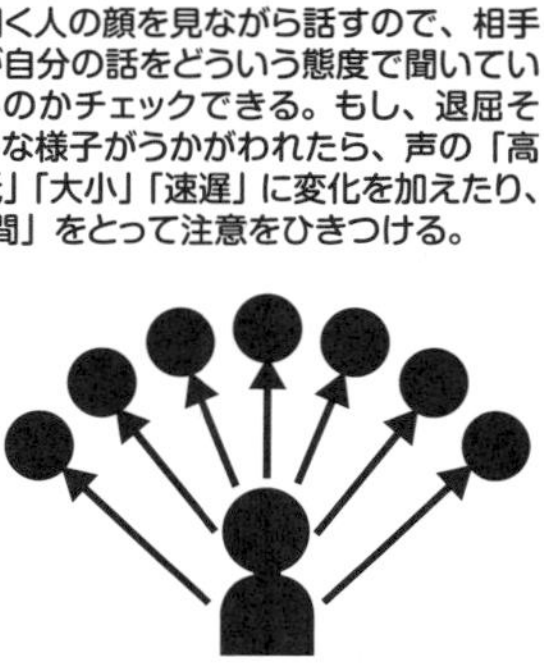

客いじり話法

特定の人物に話しかける。場が和やかになるとともに、聴衆は話の内容にさらに耳を傾ける。

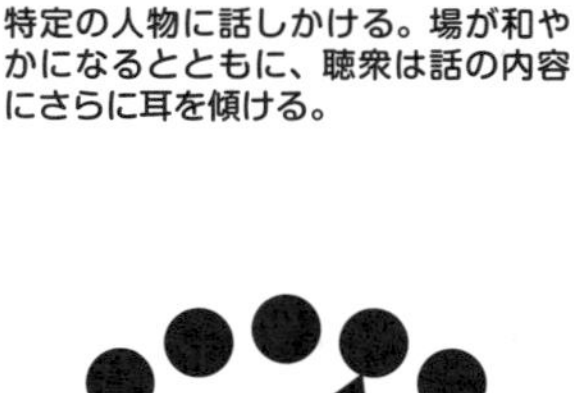

Column

「声の距離感」をつかむ練習法

これは私が学生時代、演劇集団「円」の養成所で教わった、「声の距離感」をつかむための訓練法です。

まず、4～5人の友人に数メートル間隔で、同じ方向を向いて一列に並んでもらいます。そして、列の最後尾に立って、誰かひとりに向かって「こんにちは」と話しかけます。そして（今の「こんにちは」は私に言ったんだな）と感じた人に手を挙げてもらいます。

並んでいる友人たちは前を向いているので、話し手である私の顔は見えません。私が誰に話しかけたかを声だけを聞いて判断するわけです。

もし「声の距離感」を正確にコントロールできていれば、「こんにちは」を投げかけた相手ひとりだけが手を挙げるはずです。2～3人が手を挙げたら、声が拡散してしまったことになるので失敗です。ひとりも手を挙げない場合は、そもそも言葉が誰にも届いていないことになります。

ぬいぐるみなどのモノを置いて、ひとりで練習するのも有効です。何度もやっていると、「声の距離感」を正確につかめるようになるはずです。

Advice 大勢の前では声の大きさは2割増しにする

普段の話し声の2割増しとは、たとえるなら、電車の中で向かいの席に座った友達に話しかけるくらいの大きさ。地下鉄だと3割増しになるが、これではテンションが高すぎて、聞きづらい。ずっと同じ音量では一本調子になるので変化をつける必要はあるが、「2割増しの声」は常に意識するべきだ。

Study 3

マイクを使いこなせば楽に話すことができる
息をマイクにかけるべからず

マイクを使う前には反響を確認する

大勢の聴衆に向けて話をする際、マイクが用意されているならその機能を最大限に活用しよう。

まず、そのマイクで誰かがしゃべっているのを聞いて、音がどのように広がっていくかを確かめる。反響の大きさは、会場の大きさに比例するので、大きな会場で話すときは、言葉を区切って、ゆっくり話す必要がある。

もうひとつ注意しなければならないのが、息の向き。マイクを使い慣れていない人がしゃべる場合、マイクに息がかかって「フッ」というノイズを起こして聞きづらくなる。放送業界ではこれを「マイクを吹く」という。これを避けるには、**マイクを口の正面に当てるのではなく、少しずらす**といいだろう。

Column

大会場でのマイクのコツ

プロレス中継で今も鮮明に覚えているのは、ラッシャー木村さんのマイクパフォーマンスです。ラッシャー木村さんはマイクを持つと、「フーッ」と息を吹きかけて「おい、馬場」と言っていました。これは癖というか、わざとマイクを吹いて「これからしゃべるぞ」ということを観客に示していたのかもしれません。

東京ドームのような大会場では、マイクでしゃべると自分の声が1秒半～2秒後くらいに反響してきます。この反響を計算に入れてしゃべらないと、何をしゃべっているのかまったく伝わらなくなってしまいます。

野球の試合後のヒーローインタビューを聞くと、「明日も……勝利に向けて……頑張りますので……応援……よろしくお願いします」という具合。普通に聞くと、途切れ途切れで聞きにくいのですが、広い会場のマイクだと、これでちょうどいいのです。

息を拾わないマイクの使い方

マイクの正面に息を当てずにちょっとズラすだけで「マイクを吹く」ことがなくなる。息をたくさんつかって話すタイプの人にはおすすめだ。

歌手のように上部の網目の部分を持ったり、そこに口をつけたりする人がいるが、これもマイクを吹く原因になる。グリップの中部を握って、口から少し離すのが正しい持ち方だ。

イベントや結婚式などで司会を任されたときなどは、自分もマイクでしゃべってみて、声がどのように聞こえるかチェックしておくべきだろう。そのことを頭に入れておけば、声の大きさ、スピードを適切にすることができる。

Study 4

「勝負球は2球目」「ペーシング」「ミラーリング」説得に効く3つの話法

1対1なら相手をよく観察する

相手を説得する会話には、3つのテクニックがある。順に紹介していこう。

ひとつ目は「勝負球は2球目」。面接や商談など、「自分を採用してほしい」「自社の商品を買ってほしい」と主張する場では、アピールポイントが複数あるに違いない。**もっともアピールしたいポイントは最初に述べるのではなく、2つ目くらいに提示する**のが効果的だ。

次に、相手がせっかちな話し手と判断したら、自分の話し方を相手に合わせる「ペーシング」という話し方で結論を先に持ってくる。

3つ目に、会話の最中、相手が足を組んだり髪をかき上げたら、その数秒後にこちらも同じ動作をする「ミラーリング」という行動も効果的だ。

ミラーリング

相手のしぐさ（「足を組む」「髪をかき上げる」「身振りをつかう」「笑う」など）を相手に合わせる

真似していることが悟られないよう、さりげなく行うのがコツで、無意識の心理作用で、相手は気づかぬうちにこちらを「ウマが合う、波長が合う」と感じてくれるはずだ。

Column

ミラーリングは詐欺師の話法

私がこのようなテクニックを意識するようになったのは、テレビ局のプロデューサーを相手に企画を売り込む機会を多く経験したからです。海千山千のプロデューサーは、多くの制作会社から企画のプレゼンを受けます。何を言ってもニコニコして聞いているプロデューサーが、どんなことを考えているのか、最初はわからなくて、なかなか企画が通りませんでした。ところが、話の途中で相手が目を光らせた瞬間がわかるようになると、通る確率は格段に高くなりました。

ところで、私が右に紹介したミラーリングは、実は詐欺師が人を騙すときにつかうテクニックと似ているそうです。「言葉巧みに被害者を騙し～」などと言いますが、彼らは言葉だけでなく、全身をつかって相手の警戒心を解き、自分のペースで会話を進めるわけですね。ですから、これを読んだら「この人は話のうまい人だなぁ」と感じる人を、今日からよく観察してみてください。髪をかき上げた数秒後、その人が同じ動作をしたら、その人は詐欺師の才能がある人、あるいは私の本を読んだことのある人かもしれません。

説得するときの3つのテクニック

勝負球は2球目

もっとも重要なポイントを2つ目に提示する

1対1で対面する場合、最初は相手がどんな人か腹の探り合いをしている。したがって、ひとつ目にアピールするポイントは捨て駒と考え、2つ目に自信のあるネタをつぎ込む。

ペーシング

話し方（声の「高低」「大小」「速遅」「間」）のペースを相手に合わせる。

ボソボソと小さな声で話す人を相手に大きな声でハキハキしゃべると、威圧感を与えて引かれてしまう。こういうときは、相手の話し方にペースを合わせて声のボリュームを下げる。

Study 5

いい声を出すには、上半身の力を抜くことが大事
ノドを開いて息を安定させる「腹式呼吸」

「腹式呼吸」を意識して行う

これまで紹介してきたさまざまな話法は、意識してつかえばすぐに効果が出る「外科手術」などの対症療法にたとえられるようなもの。ここからは、「内科治療」や漢方の「体質改善」に相当する訓練法について述べていくことにしよう。すぐに成果は出ないが、継続して行えば声のパフォーマンスを最大限に高めることができる。

まず第一歩は**「腹式呼吸」を身につけること**。私たちが日常的に行っているのは、肋骨筋をつかって肺を膨らます「胸式呼吸」なので、意識したことがない人は難しく思うかもしれないが、簡単に会得する方法がある。下の図を参考にしてほしい。

腹式呼吸の練習方法

ゆっくり息を吸う。
横隔膜が下がるにつれ、腹の部分が持ち上がってくる。

床に薄めのマットを敷いて仰向けに寝て、ゆっくり息を吸ってみよう。肺を支える横隔膜が腹部まで下がってくるにつれ、腹の部分が持ち上がるのがわかるはず。これが腹式呼吸だ。このとき大事なのは上半身の力を抜くということ。下がった横隔膜は、ごくわずかな腹筋の力で簡単に支えることができ、吐いた息を途中で止めたり、強弱が容易につけられる。この感覚をよく覚えておこう（特に女性は骨格の構造上、腹式呼吸に慣れていないので、何度も繰り返して覚えること）。

Column

力を抜くことが発声の第一歩

スポーツの世界でも、力を抜くことの重要性が指摘されます。走者を塁に出して緊張したピッチャーがワンバウンドの暴投をしてしまうのは、肩に必要以上の力が入っているからです。

アニマル浜口さんの「気合いだ！」という決めゼリフを思い出してください。肩に力を入れたときの声というのは、数秒間なら出せるけれど、20分、30分も続けるのは大変でしょう。

上半身をリラックスした状態のイメージには、こんなシチュエーションを想像してみてください。あなたは今、仕事から帰ってきて、お風呂に入ったあとです。ほてった体をため息とともにソファに投げ出します。そのとき、全身のどこにも力が入っていないはずですし、「はぁ〜っ」というため息は、太いパイプのように開かれたノドから一気に漏れているはず。この状態こそが、声を出すのにもっとも理想的なのです。

いい声を出すためのトレーニング

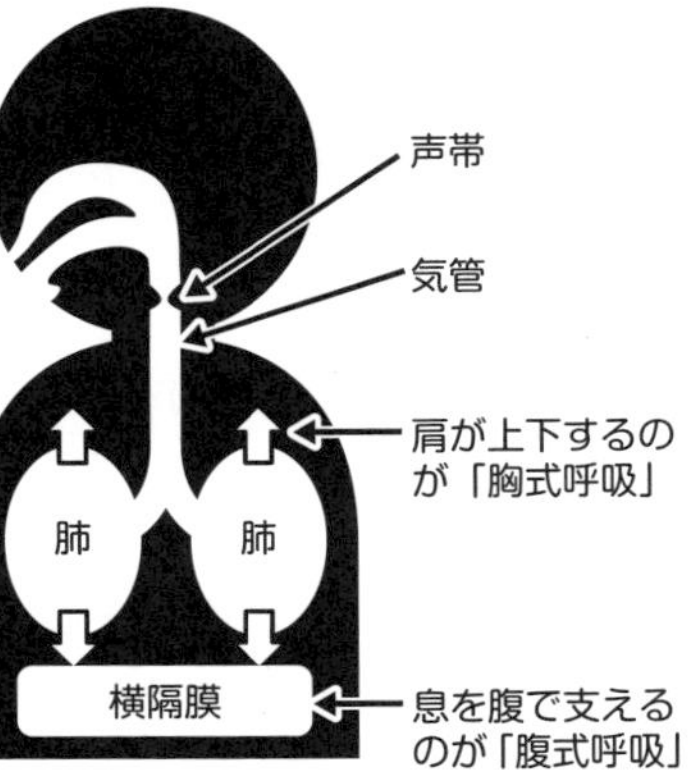

声帯
気管
肩が上下するのが「胸式呼吸」
肺
肺
横隔膜
息を腹で支えるのが「腹式呼吸」

「胸式呼吸」は、肺の上部を持ち上げるように呼吸するので肩に力が入りやすい。長距離走などのハードな運動をしたあと、肩が激しく上下するのを見てもわかる通り、そのような状態では息が安定しないばかりか、ノドを圧迫して声を出しにくくしてしまう。発声において重要なのは、上半身の力をできるだけ抜いて、リラックスした状態にすること。息を安定させることなのだ。

ノドが開いた状態、閉じた状態

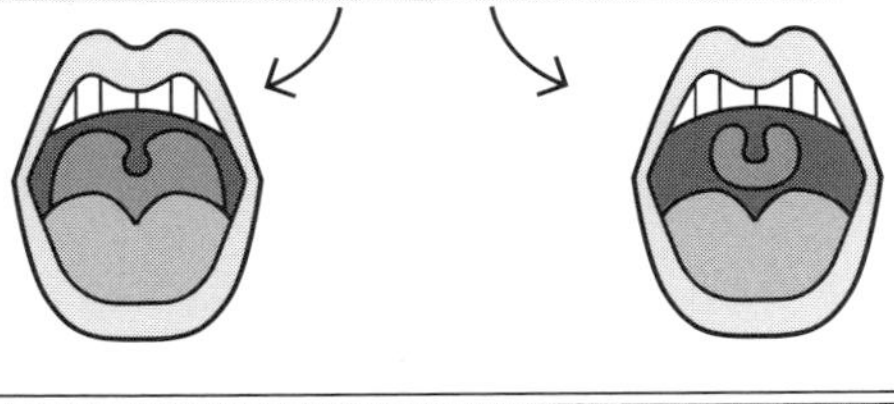

ノドはM字型になっている。閉じた状態では、その両側が閉じている。体の力が抜けるとノドの両側が広がり、ノドが開いた状態になる。

Study 6

鼻母音「ん」のロングトーンでいい声を見つけよう

声のスイートスポットの見つけ方

ビリビリしびれるスイートスポット

いい声を出すには、体という楽器を最大限に生かして共鳴させることが大切だ。テニスラケットやゴルフクラブには、そこにボールが当たると飛距離がグーンと伸びる「スイートスポット」があるが、人の声にも同じような部分がある。**スイートスポットをうまく共鳴させせれば、長時間しゃべっても疲れず、聞きやすい声を出すことができる。**

まず、息が鼻の裏側あたりに当たるのを意識して、口を閉じたまま鼻から息を漏らす「ん」の音を声に出して長く伸ばしてみよう。音程は一定ではなく、「んーーーーー」と伸ばしながら、高音から低音まで試してみる。

すると、鼻骨の裏側がビリビリとしびれて、そのまま続けるとほお骨の周りがむずがゆくなる音程が見つかる。スイートスポットはそこだ。

Column

最小限の力で最大限に響く声

スイートスポットを使った声は、最小限のエネルギーで最大限に響かせた声です。誰の耳にも聞きやすく、長時間しゃべっても疲れません。声が嗄《か》れやすい人は、この発声法にすると嗄れる確率が格段に減るでしょう。「私は声がよくないから」と諦めず、ぜひ訓練を続けてください。鍛えれば鍛えるほどよくなっていくのが手にとるようにわかるはずです。

スイートスポットをつかった発声を繰り返せば、いい声がどんどん出るようになります。私自身、何年ぶりかに会った大先輩のアナウンサーに「福澤は新人のころから比べて、ずいぶんいい声が出るようになった」と褒められました。自分では気づかないレベルで今も私の声は少しずつ進化しているのです。

念のため繰り返しますが、発声練習は体の力を抜いて、ノドが太いパイプのように開いた状態で行います。

スイートスポットを使った母音の発声練習

口を閉じたまま鼻から息を漏らし、「んーーーー」と伸ばしたときに、鼻骨の裏側がビリビリとしびれる箇所がスイートスポット。

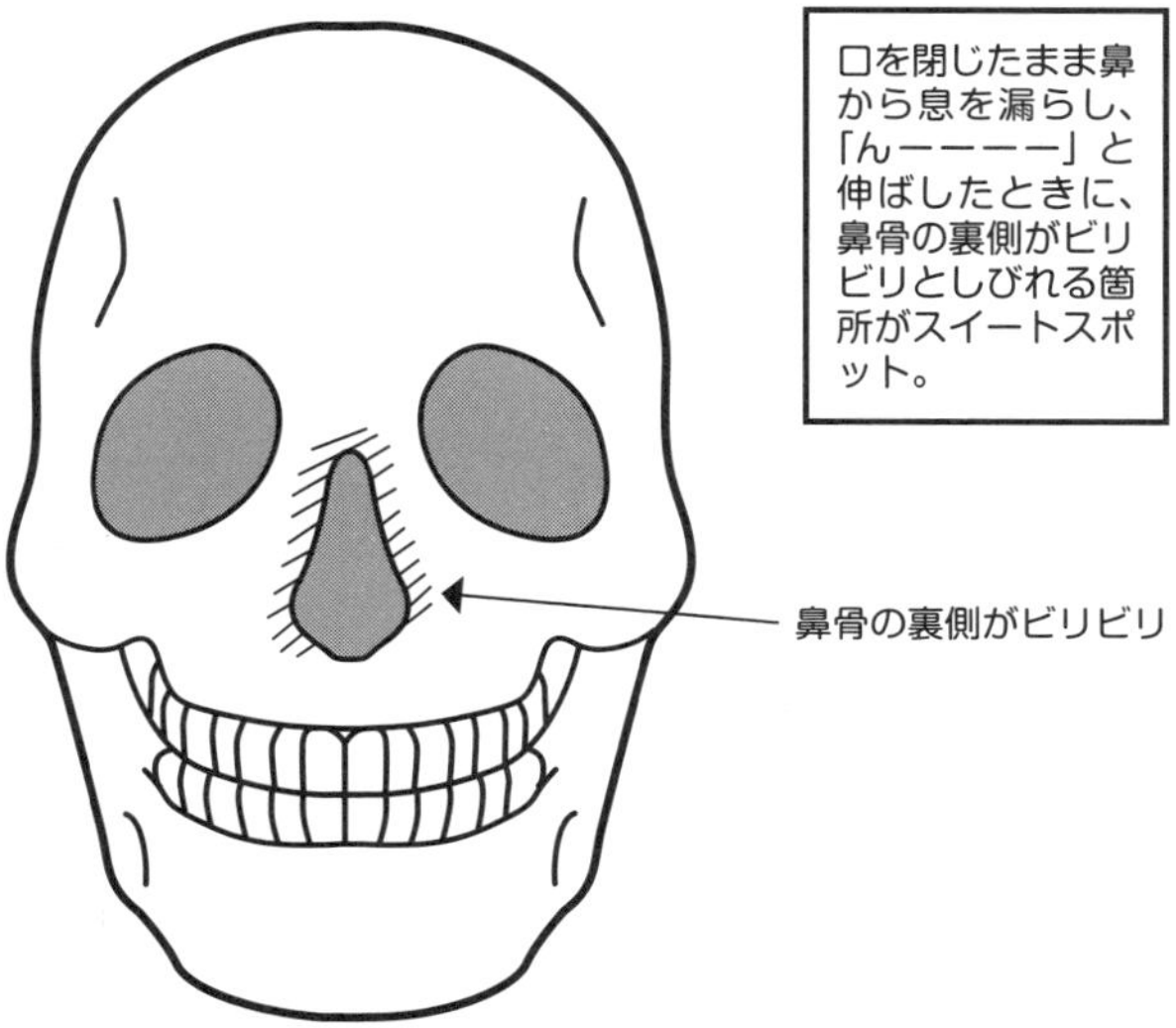

声のスイートスポットは、生まれつきの美声の持ち主でなくても、ダミ声やかすれ声の人にも存在する。さっそく探してみよう。

Advice 母音の練習が効果的

母音というのは、子音のように舌などをつかわず、口腔から直接息を出して発声する基本の発音（「ん」は鼻腔のみで発音する「鼻母音」と言う）。したがって、母音をきれいに発音することが声を効果的に響かせ、聞きやすくする一番の近道なのだ。何度も練習して、響きを確認しよう。

Study 7

子音をきれいに発音するためのトレーニング
滑舌棒で舌と口の筋トレをしよう

滑舌棒で、舌筋と口輪筋に負荷を与えた状態で「ブラジル人の、ミラクルビラ配り」を10回唱え、その後、外した状態で10回唱える。最低１日３分の訓練で、以前とは比べものにならないほどなめらかな滑舌を手にすることができる。

滑舌の養成ギプスで鍛えよう

力を抜き、スイートスポットを響かせた母音をきれいに発音できるようになったら、次に習得すべきは「子音の発音」だ。

母音である「あいうえお」は、息が妨害されることなく外に漏れるときに発せられる声だが、子音は舌や唇のさまざまな部分で息を遮ることで発声する。つまり、子音をきれいに発音するには、舌筋《ぜっきん》と口輪筋《こうりんきん》が素早く、正確に動くようにする訓練が何より有効だ。

ここで実践してほしいのが、「滑舌棒《かつぜつぼう》」を使った訓練である（上図参照）。この滑舌棒を奥歯で軽くくわえて、「**ブラジル人の、ミラクルビラ配り**」と繰り返し声に出して唱えてみよう。

滑舌棒のつくり方とつかい方

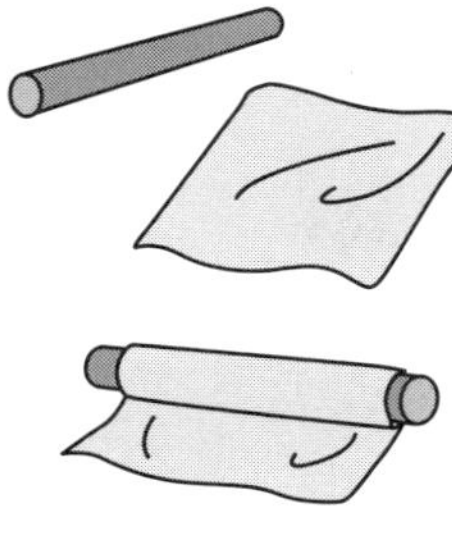

滑舌棒とは、直径１センチの円筒形の木の棒を14～15センチの長さで切ったもの（木の棒は、東急ハンズなら１メートル120円くらいで売られているから原価は15円程度でつくることができる。割り箸やボールペンにハンカチやガーゼを巻いて、直径１センチにしたものを代用してもよい）。

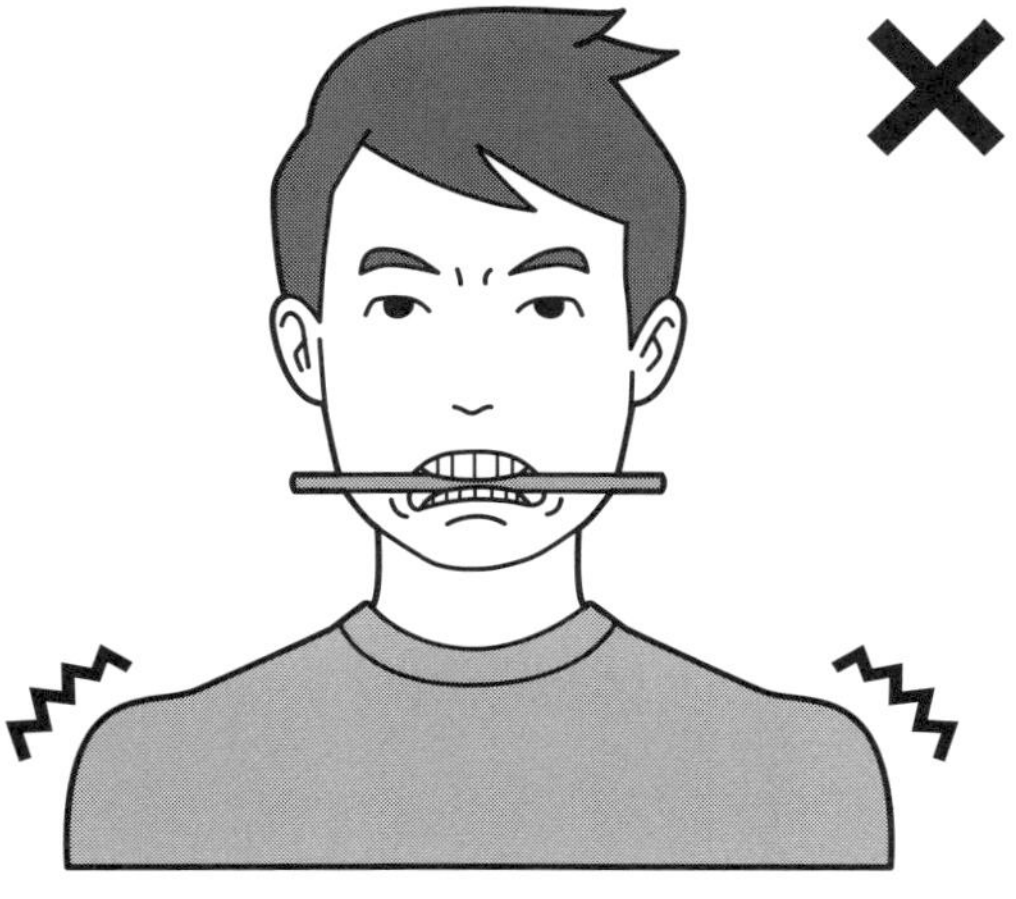

滑舌棒は奥歯でくわえて、猿ぐつわをかけられたように、軽くかむ。このとき、強くかむと肩に力が入ってしまうので×。

Column

アメンボ赤いなあいうえお

この「滑舌棒」は、私が劇団の養成所に通っていたころに教わったもので、シェイクスピア演劇の伝統を持つイギリスから伝わった訓練法なのだそうです。

　スポーツの筋トレと同様、怠けていると筋肉は落ちてしまい、二日酔いや寝不足では活動がにぶります。ですから私の家の洗面所には、歯ブラシの隣に「滑舌棒」が仲良く並んでいます。「今日は調子が悪いな」なんて感じた日は、３分間の滑舌練習が欠かせません。

「ブラジル人の、ミラクルビラ配り」に飽きたら、「アメンボ赤いなあいうえお」「浮き藻に小エビも泳いでる」「柿の木栗の木かきくけこ」「キツツキこつこつ枯れケヤキ」「大角豆《ささげ》に酢をかけさしすせそ」「その魚浅瀬で刺しました」など、他のフレーズも試してみてください。

　ところで、私はアナウンサーという職業柄、「早口言葉」をリクエストされることが多いんですが、練習していないと途端に下手になってしまいます。早口言葉というのは、何度も繰り返して唱えるうち、舌と口の動きを無意識に記憶するからできるんですね。

Study 8

表情を豊かにする「ひまわりの顔」と「梅干しの顔」
喜怒哀楽＋ポーカーフェイス

表情トレーニングで感情表現豊かに

子どものころ、多くの人は嬉しいとき、悲しいとき、怒りを感じたときなど、気分に合わせて表情豊かに感情を表現していたはずだ。だが、大人になると空気を読むことを求められ、感情を素直に表現する機会がめっきり減ってしまう。さらにビジネスの場では、自分の感情を隠すポーカーフェイスの技術が求められることも少なくない。

大人たちは、こうして気づかないうちに自分の感情を表現する術を失ってしまったのではないか。そんな大人たちに、サビついてしまった表情を取り戻すためにやってほしいトレーニングが「**ひまわりの顔**」と「**梅干しの顔**」だ（下図参照）。

ひまわりの顔、梅干しの顔をそれぞれ5秒ずつ持続させ、表情を入れ替える。3分くらい行うと、ス

■ひまわりの顔は、顔の筋肉を放射状に外に広げる。目は真上を見て眉間を広げ、口は大きく開いてノドの奥、首の筋肉までが伸びていることを意識しよう。
■梅干しの顔は、反対に顔の真ん中に筋肉を集中させて、日本一酸っぱい梅干しを口に入れてしまったときのような表情をつくる。交互に繰り返して表情ストレッチをしよう。

Advice ポーカーフェイスもテクニック

ポーカーフェイスは、慎重な商談やシビアな交渉をするときには確かに必要なテクニックだろう。だが、最初から最後まで無表情な相手に人は心を開かない。ポーカーフェイスだけでなく、感情をストレートに伝える喜怒哀楽を加えた５つの表情スイッチを持つことが必要なのではないだろうか。

トレッチをした後のように顔の筋肉がほぐれているのがよくわかる。

Column

眉毛を使った会話術

「ひまわりの顔」と「梅干しの顔」の表情ストレッチは、これから人前に出て話をするという直前に行ってもいいでしょう。

冒頭で私は、大事なことや本当に伝えたいことを言うときは声のトーンに変化をつけて、その単語を「高く」あるいは「大きく」「ゆっくり」「間をあけて」話すことを述べました。実は声のトーンだけではなく、表情にも同じ効果があるんです。すなわち、伝えたい単語を口に出すとき、眉毛をすっと上げるわけです。

「私は今日、銀座線で新橋に行ってきました」

声のトーンを変えずに、「銀座線」または「新橋」のところで眉毛を上げてみてください。銀座線で眉毛を上げたときと、新橋で眉毛を上げたときとでは、違った意味で相手に伝わるはずです。

日ごろから表情筋を鍛えて、豊かな表現を身につけてください。そうすれば、会話の説得力はさらに増すはずですよ。

「ひまわりの顔」と「梅干しの顔」

Study 9

誰にでも好印象を与える会話術
口角を鍛えてハキハキ話す

口角が上がった顔は好印象

話すときの表情でさらに気をつけてほしいのは「口角を上げる」ことだ。

顔相術や人相学でも、口角が上向きの人は「運気が上がる」とか「人生がプラスに転じる」などと言われるが、会話においても同じことが言える。

口角を上げて話をする人に対しては悪い印象を持たない。「この人からは、前向きで明るい話が聞けそうだ」「人の話もちゃんと正面から向き合って聞いてくれそうだ」、そんな印象を持つ。

ビジネスの場も同様で、社内会議でさまざまな報告をするときや、お客様に商品やサービスについて説明するときは、口角を上げてハキハキと話す人の声に、誰もが耳を傾けてくれる。

Column

居酒屋は絶好の練習場

口角を上げるというのは、美容の点でも重要で、モデル事務所では歩き方やポーズのとり方と同じように訓練に取り入れていることが多いようです。

アナウンサーも例外でなく、テレビのワイドショーを見てみると、口角が下がったアナウンサーはめったにいないはず。ただし、コメンテイターは例外です。「困った状況ですね」「実にけしからんことです」など、コメントに憂いを表現するときは、アゴにぐっと力を入れて、深刻な表情をつくる必要があるからです。

顔の表情筋は、鍛えれば鍛えるほど表現が豊かになります。成果を確かめたかったら、居酒屋で試してもいいですね。注文するとき、口角が上がっている人の注文には必ず明るい反応があるはずです。ガヤガヤした店内ならば、大きな声を出す訓練にもなりますし、「声の距離感」を確かめるにも適切です。

滑舌棒で口角筋を鍛える方法

滑舌棒は奥歯でくわえるのではなく、前歯で浅くくわえるだけでいい。その顔を鏡に映して、口角が滑舌棒より上になるようにしてみよう。

P142で紹介した滑舌棒と鏡を用意する。鏡を使って表情を確認することが大切。

図は「口角が上がった」状態。さらに筋肉を動かして上下運動を繰り返すと、口角筋が鍛えられ、苦もなく口角を上げられるようになる。

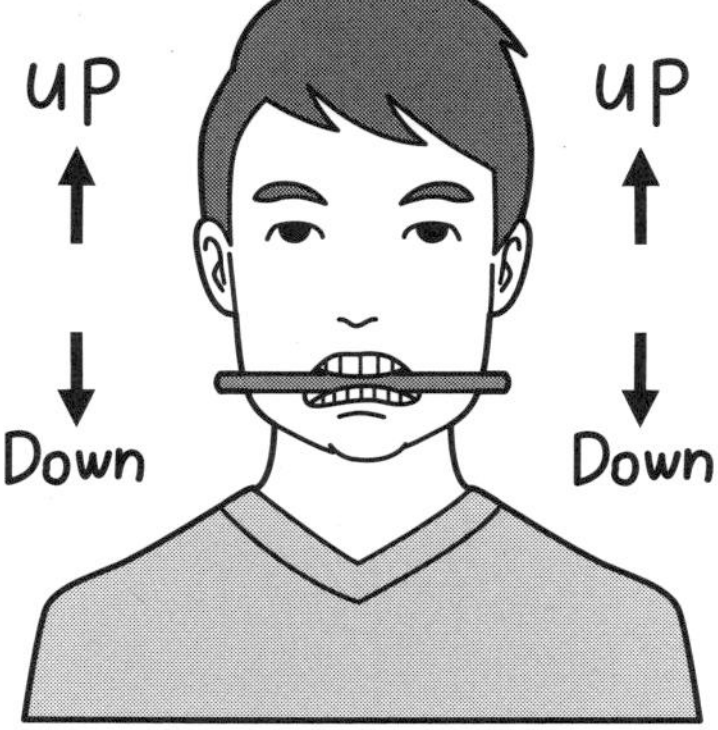

上げ下げ10回を１セットとして、１日に２～３セットを行えば、１週間ほどで効果は出るだろう。

Study 10

「フィンガー・サイン」と「アコーディオン・ハンド」身振り手振りで表現力アップ

話を具体的にする身振り手振り

声、間、表情とともに「身振り手振り」もコミュニケーションにおいて重要な表現方法だ。外国人のようにオーバーアクションをするのは相手に違和感や威圧感を与えるので禁物だが、適度なジェスチャーは話にアクセントを加えてくれる。日本人でもつかえる身振りとしては「**フィンガー・サイン**」と「**アコーディオン・ハンド**」がおすすめだ。

Advice

大げさ・やりすぎには注意して

ただし、いずれもやりすぎは禁物。手を動かすのが癖になってしまうと、さして意味のないところでも忙しく手が動いて、散漫な印象を与えてしまう。身振り手振りは、その効果を計算に入れて、意識的に行うことが重要だろう。

アコーディオン・ハンド

両手でアコーディオンのジャバラを開いたり閉じたりするような動作のこと。「このくらいの幅があります」「現在、これくらい進んでいます」と、量や進み具合をわかりやすくビジュアルで示す。話に具体性を加えることができる。

Column

事前のリハーサルはとても有効

説明会の司会や企画のプレゼンテーションなど、あらかじめ話す内容が決まっているなら、本番前にリハーサルをしておくといいでしょう。協力してくれる人がいれば、目の前で聞いてもらい、声の高低、大小、速遅、間の変化が適切か、身振り手振りが有効に働いているか、チェックしてもらいます。

協力者がいなければ、ICレコーダーなどに録音して、自分の耳でチェックしてみましょう。自分の声を録音して聞く、というのはアナウンサーの新人研修では訓練の一環として必ず行います。実は自分の声というのは骨伝導といって、頭蓋骨に共鳴して伝わってくる音のほうが大きいので、実際に人に聞かれている声より響きがいいのです。録音された自分の声を初めて聞くと「なんだか貧弱だな」と感じることが多いんです。プロのしゃべり手になるからには、声の響きを1～2割くらい差し引いて、いい声を出さなければならないというわけですね。

テープだと身振り手振りのチェックはできませんが、声の高低、大小、速遅、間の効果は手にとるようにわかるはずですよ。

日本人でも効果的な身振り手振り

フィンガー・サイン

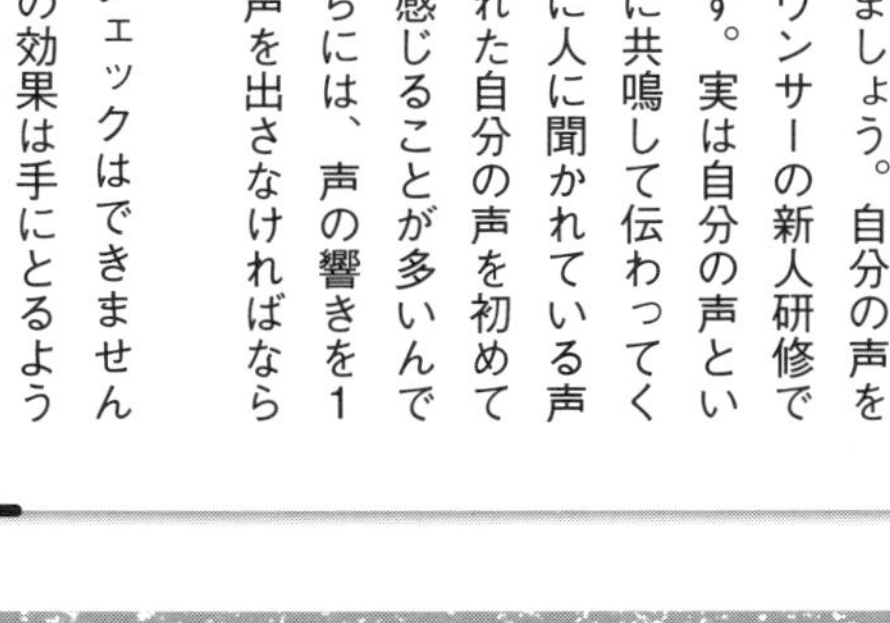
これから申し上げることで、大事なことが3つあります
ひとつ目は……

話のポイントを数えながら指で示す。複雑な話でも注意して聞こうという態度をうながすことができる。

気をつけるのは、話の要点は3つに絞ること。「大事なことは5つあります」では、話者が頭の中で要点を絞りきれていない印象を与えてしまう。

日本では人を指すのはNG

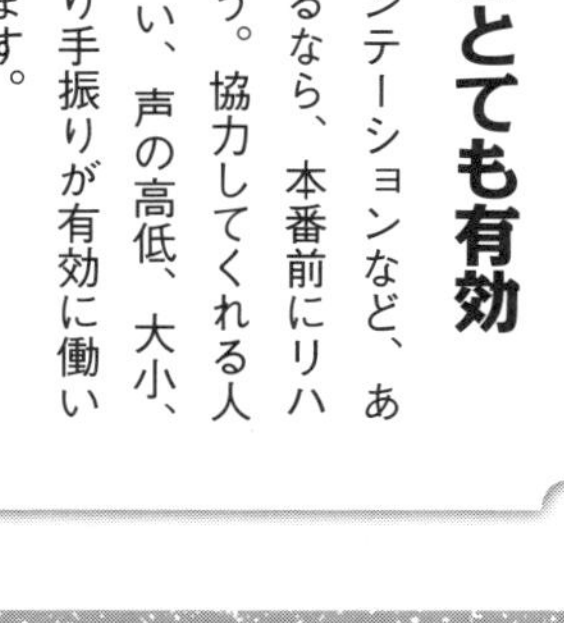

話の数を数えるときはいいが、人を指差すのは日本では反感を買う。

Study 11

初対面でも困らない「話の6つのポケット」
「きにしいたけ」で話題をつくろう

6つのポケットで もう話題に困らない

商談で初対面の人がいるときなどは話の展開が読めず、苦手意識を感じてしまう人は多いだろう。話に多少の間ができることを恐れてはいけないが、「間」が「沈黙」になると相手に気詰まりな思いをさせてしまいかねない。

そんなときにネタを提供する、「話の6つのポケット」がある。それぞれのネタの頭文字を並べて、「**きにしいたけ**」と覚えよう。

この「6つのポケット」にネタを用意しておけば、初対面の人との会話も怖くない。

●い＝衣装

最新ファッションの話をするのではない。相手が身に着けているファッションの中で、さりげないオシャレをさりげなく指摘すると、弾む会話になるはずだ。

●た＝食べ物

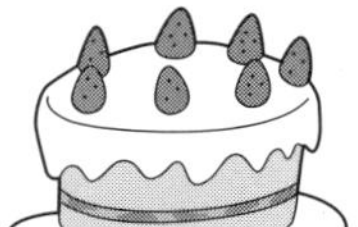

これは鉄板。男性なら駅前にできたおいしい居酒屋、女性なら流行のパティシエの洋菓子店や老舗の和菓子店が興味をひくだろう。

●け＝健康

これは、年を重ねるごとに興味が深くなる話題。「体にいい」「美容に効く」というネタには誰もが耳をそばだててくれるはずだ。

Column

初対面は、決して怖くない

初対面の人と話すといっても、大半はビジネスの話でしょうから、アドリブでの雑談は３～５分程度かと思います。

ですから、「きにしいたけ」のネタを用意するといっても、新聞をすみずみまで読んだり、マニアックな趣味について調べたり、ファッションやグルメ情報にくわしくなる必要はありません。

積極的に本音をさらけ出してくれるような相手なら、聞き手にまわって「確かにそうですね」と共感の相槌を打つだけで好感を持ってくれるでしょう。

口ベタの相手なら、マシンガンのように話題を繰り出す必要はなく、相手の目をよく見て「きにしいたけ」のどれかひとつでも話題を振れば、会話は自然に転がっていくはずです。

初対面の人との会話は、決して怖くない。そのことを、よ～く胸に刻んでおいてください。

初対面でも安心！　話の６つのポケット

Point

「きにしいたけ」を押さえておこう。

●き＝季節

「梅雨が始まった、終わった」というお天気ニュースで拾った話題でもいいし、「ウチの庭の花が咲いた」といった身近な話題でもいい。話のきっかけとして、どんなときでもつかえる。

●に＝ニュース

不景気、悲惨な事故・事件などではなく、明るいニュースが望ましい。オリンピックでの日本人選手の活躍など、誰もが共感できる話題がいいだろう。

●し＝趣味

できれば自分の趣味を話すだけでなく、相手の趣味について話ができることが望ましい。人は自分の好きなことを語るときは目を輝かせるものだ。それに対応できる程度の知識も仕入れておくべき。

Study 12

適度な緊張感をうながす「グーパーマッハ」
本番前の運動は緊張感をほぐしてくれる

適度な運動で頭の回転をよくする

講演後によく「人前に出ると、緊張して頭の中がまっ白になってしまいます。どうすればいいですか？」と聞かれることがある。

答えはただひとつ。「**聴衆は、あなたが思っているほどあなたの姿には注目していない**ものです。大事なのは、どうしゃべるかではなく、何をしゃべるかということですよ」

それでも緊張が解けない人には、運動をおすすめしよう。走る、速歩をするなどの有酸素運動を20～30分すると、体に入っている余分な力が抜けて、心と体を解放してくれる。「**本番前の10分のランニング」でも十分に効果がある。**とはいえ、実際に運動するわけにはいかないという人には、その場でできる「**グーパーマッハ**」がおすすめだ。

「グーパーマッハ」で緊張をほぐす

両手の指をグー・パー・グー・パーと高速で閉じたり開いたりするもの。ゆっくりやるのではなく、「マッハ」のスピードで可能な限り速く行う。すると、みるみるうちに全身の血流が活発になり、脳にも血液がまわって頭の回転もよくなるのだ。

Column

緊張をコントロールする呼吸法

「呼吸」は、緊張感のコントロールにもつかえます。人間の呼気（息を吐く）には鎮静作用、吸気（息を吸う）には興奮作用があります。

ですから、緊張感を鎮めたいときは、呼気を利用しましょう。呼吸に神経を集中させるため目を閉じ、鼻から肺がいっぱいになるまで息を吸ってください。そして、吸った息を10秒くらいかけてゆっくり口から吐き出すのです。これを２〜３回繰り返すと、心が鎮まっていくのがわかるはずです。プレゼンや商談の直前の他、夜、なかなか寝付けないときなどにもこの呼吸法を行うとぐっすり眠れるようになりますよ。

反対に、吸気を利用して興奮状態をつくることもできます。吸うことに神経を集中させて、小刻みに、できるだけ速く「スッ・ハッ・スッ・ハッ・スッ・ハッ」とリズミカルに呼吸をします。10〜20秒もすると、体がポカポカと温まり、全身が高揚するのがわかるはずです。会議が長引いて眠くなったりしたとき、自分にハッパをかけるようにして行うと効果は抜群です。

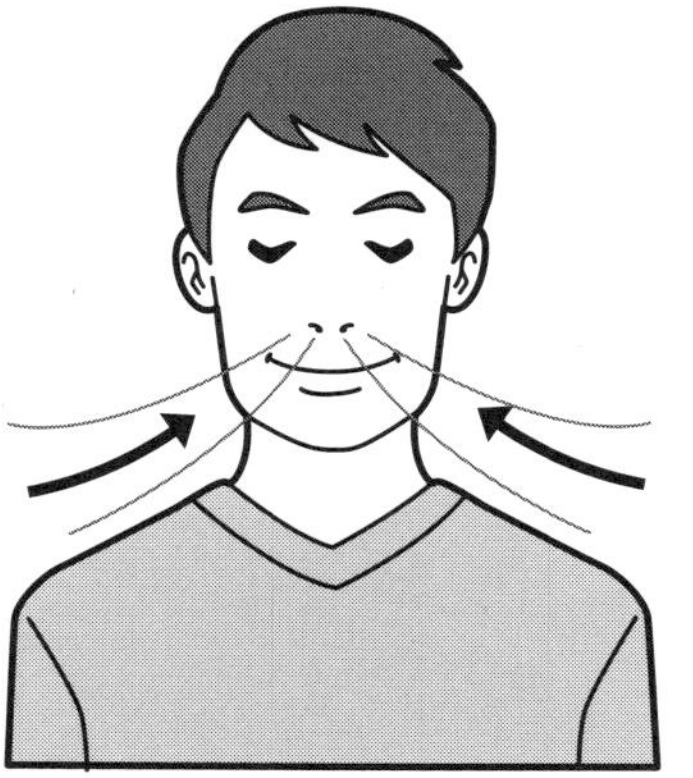

❶目を閉じて鼻から息を吸う

呼吸に神経を集中させるために目を閉じる。肺がいっぱいになるまで、鼻から息を吸う。

❷吸った息を口から吐く

10秒くらいかけて、ゆっくり口から息を吐き出す。慣れないうちは時計を見ながらでもＯＫ。
これを２〜３回繰り返す。

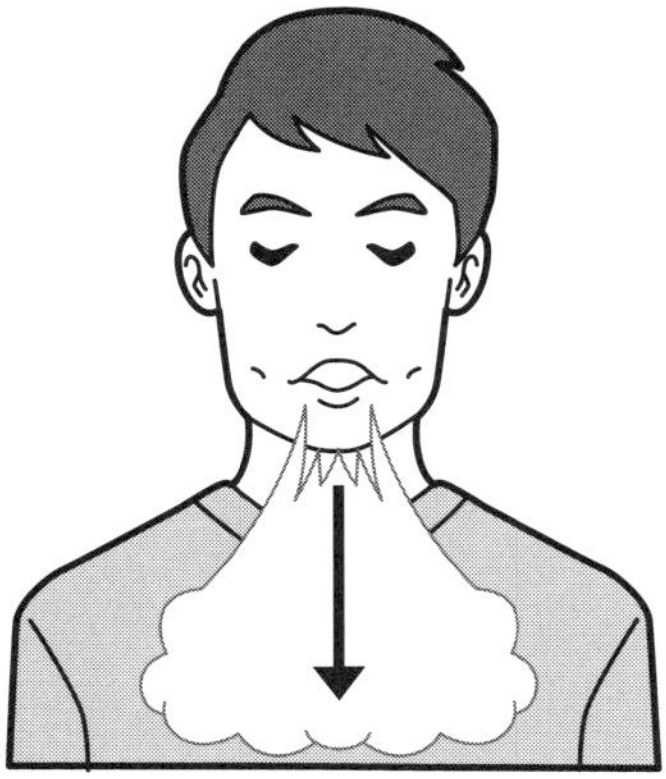

Study 13

本番に備えての自己管理も重要

声をよくするノドのメンテナンス法

大切なノドを守る方法

風邪を引いたときだけでなく、慣れない人が大きな声を出しすぎると、声帯を痛めて声を嗄《か》らしてしまうことがある。

なるべく声を出さないようにして安静にするのが何よりの治療法だが、それでも声を出さなければならない俳優やアナウンサーには、独自の応急措置がある。左ページにいくつか方法を紹介するので参考にしてほしい。

声は肺の空気が気管を伝わってノドの声帯をふるわせ、その振動が共鳴して音になる。どこか一部が調子悪くなれば、楽器と同じようにメンテナンスが必要だ。**本番をベストコンディションで迎え、最大限の力を発揮するための自己管理も重要**なのだ。

Column

発声練習に格好な場所とは？

「大きな声」は、どうしたら出せるようになるのでしょうか？ すでに述べた、腹式呼吸やスイートスポットを共鳴させた発声法はそのために有効です。

声量をさらに上げたいと思ったら、そこには近道はありません。日ごろから大きな声を出すことで、少しずつキャパを広げていくしかないのです。

ただし、大きな声は部屋で出せば近所迷惑になり、これといった練習場所がないのが悩ましいところ。

そこでおすすめしたいのが、カラオケボックスです。どれだけ大きな声を出しても、声が外に漏れることはありません。声量に自信のない人は、大事なプレゼンの前などにひと声出してみてはどうでしょう。ただし、慣れない人が大声を出しすぎるとノドを痛めることがありますので、注意してください。

大切なノドを守る方法

すぐに効く方法

❶ 生肉をゆっくり飲み込む

新鮮な生肉を少量ずつ、ゆっくり飲み込む。すると、生肉に含まれた動物性の脂がノドをコーティングしてくれるのだ。嗄れた声がすぐに元通りになるわけではないが、それ以上、ノドが悪くならないようにするくらいの効果がある。
※生肉の扱いには十分な注意が必要です。

❷ プロポリス入りののど飴をつかう

のど飴やトローチなども有効で、プロポリス入りを愛用している。プロポリスとは、ハチが予期せぬ侵入者や病原菌から巣を保護するためにつかう粘着性の物質で、ノドを守る効果に優れている。

声嗄れを未然に防ぐ方法

マスク、スカーフ、マフラー、睡眠

冬になり空気が乾燥してくると、マスクは欠かせない。食事と風呂の時間以外は必ずマスクを着用し、寝る際にはマスクに加えて、首にスカーフやマフラーを巻く。少しでも風邪っぽさを感じたら、漢方の葛根湯を飲む。睡眠をとるのも大切だ。

声嗄れによくないもの

ウーロン茶、濃い日本茶、睡眠不足、二日酔い

ウーロン茶や濃い日本茶など、脂分を取り除く作用のある飲み物は、ノドのためにはよくない。

Study 14

異世代コミュニケーションは絶好の訓練の場
会話上達の近道は場数を踏むこと

かつては日常生活にあった会話の訓練

かつての日本人は、日常生活のさまざまな場で「話し方」を試される環境があった。

ところが今は、核家族化によって、お年寄りと会話をする機会も少なくなった。携帯電話がなかったころは、好きな彼女の自宅に電話をかける際、電話をとった父親に緊張しながら名前を名乗り、取り次ぎを頼まなければならなかったなんて、遠い昔の話のようだ。

異世代コミュニケーションに求められる「話し方」のスキル

お年寄りが相手だったら……

敬語、大きな声、かみ砕いたわかりやすい会話

子どもが相手だったら……

わかりやすい会話、飽きさせない会話、想像力をかきたてる会話

ローカルルールは通じない。相手に合わせた話し方が求められる。

異世代との会話は相手に合わせる

異なる世代の人と会話することは、同年代だけに通じるローカルルールを封じられるということだ。「チョーやばい」という言葉が褒め言葉にも使われることを、同年代なら理解してくれるだろうが、年配者なら抜き差しならないことが起こったと解釈してしまうだろう。異世代と正確なコミュニケーションをするには、正しい日本語で、正しい敬語を使って意思表示をしなければならない。耳が遠いお年寄りが相手なら、大きな声でゆっくりしゃべらなければならないだろう。幼児が相手なら、少ない語彙から理解しやすい言葉を選ばなければならない。

こうした**コミュニケーションの場数を踏めば踏むほど、話し方は上達する**。かつての日本人は、当たり前のように場数を踏んでいたが、その機会が失われた今、私たちは意識して機会を設け、自らの話し方を鍛えなければならないのだ。

Column

「読み書き」プラス「話す」

アメリカの学校では、自分の思っていることを相手に伝え、議論を通じて意思疎通をはかるディベート教育が授業に組み込まれているそうです。ところが日本では、「読み書きそろばん」という言葉でもわかる通り、読み書きに重きを置いた国語教育が成立しています。日本は島国ですから、日常生活で出会う人とは何となくわかり合えて、自分と違う意見を持った人と議論する必要性が薄いのかもしれません。

しかし、これからの時代は、異なる文化の人とのコミュニケーションがますます多くなっていくでしょう。「読み書き」の能力は確かに重要ですが、「話す」能力がなければそれを表現することもできません。

言葉による伝達能力というのは、持って生まれたものではなく、鍛えれば鍛えるほど上達します。つまり、能力を身につけるために大事なことは、場数を踏むということなのです。初対面の人と会うことを恐れていてはいけません。人前で話すことに尻込みしてはいけません。失敗してもいいじゃないですか。その失敗から学ぶことは限りなく大きいはずです。

賢人の教えから学んだこと

ここまで読んで、思ったこと、考えたこと、ひらめいたことなど、何でも書き込んでみましょう。

参考文献

Chapter 1　本音で語り合う技術　田原総一朗

『田原総一朗の聞き出す力』（カナリア書房）
『田原式 つい本音を言わせてしまう技術』（幻冬舎）
『私たちの愛』（講談社）

Chapter 2　やる気にさせる！　褒める技術　中谷彰宏

『なぜあの人は人前で話すのがうまいのか』（ダイヤモンド社）
『なぜあの人は会話がつづくのか』（あさ出版）
『なぜあの人はすぐやるのか』（ダイヤモンド社）

Chapter 3　プロインタビュアー直伝！　聞き出す技術　吉田 豪

『男気万字固め』（幻冬舎）
『人間コク宝』（コアマガジン）
『人間コク宝２』（コアマガジン）

Chapter 4　人を喜ばせる接遇道　平林 都

『平林都の接遇道』（大和書房）
『平林都の接遇道２〈極意編〉』（大和書房）
『接遇道　凛と際立つ女性となれ』（三笠書房）

Chapter 5　声の出し方・伝え方の技術　福澤 朗

『“また会いたい”と言わせる話し方、伝え方』（講談社）
『声と言葉の教科書　勝てる日本語　勝てる話し方』（東京書籍）

〈プロフィール〉

田原総一朗（たはら　そういちろう）
1934年生まれ。評論家・ジャーナリスト。早稲田大学卒業。岩波映画製作所、東京12チャンネルを経て、フリーに。テレビ朝日「朝まで生テレビ！」「サンデープロジェクト」に出演、相手の本音を引き出すトークでTVジャーナリズムの新しい地平を開く。98年、戦後の放送ジャーナリストのひとりを選ぶ「城戸又一賞」を受賞。

中谷彰宏（なかたに　あきひろ）
1959年生まれ。早稲田大学卒業後、博報堂に入社。８年間CMプランナーとしてTV・ラジオCMの企画演出等を行う。91年、「株式会社中谷彰宏事務所」を設立。就職の手引書「面接の達人」シリーズが大ベストセラーに。人生論、恋愛論、ビジネスに関する書籍を多数刊行する他、俳優としても活動中。
【中谷彰宏公式サイト】http://www.an-web.com/

吉田 豪（よしだ　ごう）
1970年生まれ。徹底した事前取材で「本人以上にその人のことをよく知っている」と言われるプロインタビュアー・プロ書評家。タレント本、タレント・グッズの収集家としても知られる。テレビ・ラジオ出演やトークライブでの司会、単行本のプロデュースも手掛けるなど、多方面で活躍。

平林 都（ひらばやし　みやこ）
兵庫県の信用金庫で働きながら、茶道、華道、着つけなどのお稽古ごとに通う。27歳でエレガント・マナースクールを設立。「形なくして心は伝わらない」という信念のもと、出会った人に楽しく、気持ちよく、笑顔になってもらう「接遇」を広める。病院、銀行、自動車販売店、美容院、洋菓子店などで数多くの接客研修を担当。現在では年間300件以上の研修をこなす。

福澤 朗（ふくざわ　あきら）
1963年生まれ。早稲田大学卒業後、日本テレビに入社。2005年フリーアナウンサーに。「ジャストミート」「ファイヤー」等の流行語も生み出した。報道アナウンサー、バラエティーアナウンサーの枠を超え、「テレビ司会者」として独自のジャンルを構築していくことを目標としている。趣味は卓球で、日本酒と和菓子をこよなく愛する。

賢人の話し方

2012年9月25日　第1刷発行

監　修　田原総一朗　中谷彰宏　吉田豪　平林都　福澤朗
発行人　見城徹
編集人　福島広司

発行所　株式会社 幻冬舎
〒151-0051　東京都渋谷区千駄ヶ谷4-9-7
電話　03（5411）6211（編集）
03（5411）6222（営業）
振替00120-8-767643
印刷・製本所　株式会社 光邦

検印廃止

ISBN978-4-344-90256-5　C2095
Printed in Japan
幻冬舎ホームページアドレス　http://www.gentosha.co.jp/
この本に関するご意見・ご感想をメールでお寄せいただく場合は、comment@gentosha.jpまで。